Pusteblume

Das Arbeitsheft 3

Neubearbeitung

Herausgegeben von
Wolfgang Menzel

Erarbeitet von
Christel Jahn (Frankfurt)
Wolfgang Kunsch (Harpstedt)
Wolfgang Menzel (Wedemark)
Elke Schnepf-Rimsa (Heidelberg)
Brigitte Schulz (Dieburg)
Christina Schulz (Bonn)
Sabine Stach-Partzsch (Südlohn)
Katja Vau (Köln)

Illustriert von
Angelika Çıtak, Bettina Kumpe, Anja Rieger,
Susanne Schulte

Schroedel
westermann

Inhaltsverzeichnis

Kreuze nach der Arbeit an:
Ich fand die Seite
leicht ☺ mittel ☺ schwer ☹

Inhaltsverzeichnis

Werkstatt: Richtig schreiben

Werkstatt: Sprache untersuchen

A wie Anfang

Schrift vergleichen

1 Schreibe deinen Namen in deiner Schrift
und dann daneben in Druckschrift.

_____

2 Welche Schrift gefällt dir besser?
Sprich mit einem anderen Kind darüber.

3 Schreibe den Satz deutlich in deiner Schrift.

> Leonie baut einen Turm.

_____

4 Schreibe den Satz deutlich in Druckschrift.

_____

5 Schreibe den Satz ganz schnell in deiner Schrift.

_____

6 Schreibe den Satz ganz schnell in Druckschrift.

_____

7 Besprecht die Fragen.

Welche Schrift ist am besten lesbar?

Welche Schrift kannst du flüssig schreiben?

Geheimschrift

A	B	C	D	E	F	G
1	2	3	4	5	6	7

H	I	J	K	L	M	N
8	9	10	11	12	13	14

O	P	Q	R	S	T	U
——	——	——	——	——	——	——

V	——	——	——	——
——	——	——	——	——

1 Vervollständige diese Geheimschrift.

2 Entschlüssele diesen Satz. Schreibe die Lösung auf.

9 / 3 / 8   2 / 9 / 14   13 / 21 / 20 / 9 / 7.

_____

3 Schreibe den Satz in der Geheimschrift.

> Wir verstecken uns im Keller.

_____

_____

4 Schreibe einen anderen Satz in Geheimschrift auf.
Lass ihn von einem anderen Kind entschlüsseln.

▶ Sprachbuch: Seite 7

A wie Anfang

Wörter bilden

A	O	U	E
S	B	R	T	N

Brot,
raus

1 Bilde mit diesen Buchstaben Wörter mit

drei Buchstaben	vier Buchstaben	vielen Buchstaben
_____	_____	_____
_____	_____	_____
_____	_____	_____
_____	_____	_____
_____	_____	_____
_____	_____	_____
_____	_____	_____
_____	_____	_____
_____	_____	_____
_____	_____	_____
_____	_____	_____

▶ Sprachbuch: Seite 8

Schüttelnomen

1 Lest die Schüttelnomen und sprecht darüber.

Mausheister	Somatentoße	Wegenrolke	Tosenhasche
Breckstief	Staubelle	Büsselschlund	Schnachendrur

2 Markiere die vertauschten Buchstaben.

Da sind Buchstaben vertauscht.

3 Schreibe die Nomen richtig auf.

Hausmeister, _____

_____

_____

4 Bilde mit diesen Wörtern Schüttelnomen und schreibe sie auf.

Fingernagel	Regenmantel	Teddybär	Milchzahn
Sandburg	Fußgänger	Handschuh	Gummibärchen

Ningerfagel, _____

_____

_____

5 Erfinde selbst Schüttelnomen und schreibe sie auf.
Ein anderes Kind soll dir sagen, wie sie richtig heißen.

_____

_____

_____

Werkstatt: Lernen

Wörter nach dem Alphabet ordnen

Strategie

Manchmal beginnen mehrere Wörter mit dem
gleichen Buchstaben.
Dann musst du nach dem zweiten, dritten oder vierten
Buchstaben ordnen:

Fenster   Fett   Feuer

1 Schreibe die Wörter nach dem Alphabet geordnet auf.

Erst holen oder
erst hinken?

holen	duschen	lesen	reiten
laufen	kommen	fallen	hinken

duschen, _____

_____

2 Ordne die Wörter nach dem Alphabet. Trage die Reihenfolge ein.

☐ Garten   ☐ Zange   ☐ Luft   ☐ Zahn   ☐ Platz

☐ Zaun   [1] Blume   ☐ Winter

3 Ordne die Wörter nach dem Alphabet.

fliegen	freuen	fassen	finden	fühlen	fegen
fragen	fahren	folgen	fressen	flitzen	frieren

fahren, _____

_____

▶ Sprachbuch: Seite 10
⬇ Lernsoftware: Nr. 8, 9

Im Internet nach Informationen suchen

1 Lies dir durch, was die Kinder sagen.

2 Trage in die Kästchen die richtige Reihenfolge ein.

3 Was für Informationen kannst du für dein Thema bekommen?
Schreibe sie auf.

Fotos, Bilder, _____

_____

4 Schreibe auf, was du mit diesen Informationen machst.

_____

_____

Lernen

Informationen entnehmen

Robben *(Pinnipedia)*
Die Robben gehören zu den Meeressäugetieren. Sie sind in allen Weltmeeren heimisch, von den eiskalten Polarzonen bis zu den subtropischen Gewässern. Der Körper aller Robbenarten hat sich vollständig dem Leben im Wasser angepasst. Ihre Vorder- und Hinterbeine haben sich zu Flossenfüßen umgebildet. Die Robben sind daher ausgezeichnete Schwimmer und Taucher. Ihre Nahrung besteht aus Fischen und anderen Meerestieren, die sie unzerkaut hinunterschlucken. Innerhalb der Robbenarten unterscheidet man drei Familien: Hundsrobben, Ohrenrobben, Walrosse.

Lernen

Ohren   Nasenöffnungen
Barthaare (Tasthaare)
Flossen

Größe: je nach Art 1,20 m – 6 m
Gewicht: je nach Art 25 kg – 4 t
Aussehen:
– flacher Kopf
– dicker Hals
– stromlinienförmiger Körper
– kurzes, dicht anliegendes Fell
– Schwimmhäute zwischen den Zehen (Flossenfüßler)

1 Lies die Texte und schaue das Bild an.

2 Lies die Fragen, markiere die Antworten im Text und schreibe sie auf.

Wo leben die Robben?

_____

Was fressen die Robben?

_____

Wie schwer können Robben werden?

_____

▶ Sprachbuch: Seite 12, 13, 14

Einen Vortrag vorbereiten

1 Lies dir die Texte auf Seite 10 noch einmal durch.
Überlege dir Stichwörter für die markierten Textstellen.

2 Schreibe die Stichwörter nach Überschriften geordnet
auf Stichwortkarten.

☐ Nahrung   ☐ Lebensraum

☐   ☐

☐   ☐

☐ Gewicht   ☐ Besonderheiten

☐   ☐

☐   ☐

3 In welcher Reihenfolge sollen die Stichwörter in deinem Vortrag
vorkommen? Schreibe dafür Nummern vor die Karten.

4 Übe mit den Stichwörtern deinen Vortrag.

5 Halte deinen Vortrag über Robben vor der Klasse.

▶ Sprachbuch: Seite 12, 13, 14

Lernen

Werkstatt: Sprechen und Zuhören

Bei Gesprächen gut zuhören 1

1 Woran hast du schon einmal gemerkt, dass dir jemand nicht gut zugehört hat? Schreibe es auf.

_____

_____

2 Lies den Tippkasten.

> **Tipp**
>
> **Gutes Zuhören**
> • das sprechende Kind anschauen
> • aufmerksam sein
> • sich dem Kind zuwenden
> • nachfragen
> • ausreden lassen

3 Bei dieser Gruppenarbeit zeigen drei Kinder, dass sie Leo gut zuhören. Male diese Kinder an und schreibe auf, was sie tun.

_____

_____

_____

Bei Gesprächen gut zuhören 2

1 Welche Regeln für das gute Zuhören gelten in deiner Klasse?
Schreibe die Regeln auf, die dir am wichtigsten sind.

_____

_____

_____

2 Überlegt zu zweit, was euch schon gut gelingt,
und was euch noch nicht so gut gelingt.

Ich schaue bei Gesprächen das sprechende Kind an.

Ich bin bei Gesprächen aufmerksam und nicht abgelenkt.

Ich wende mich dem sprechenden Kind zu.

Ich frage nach, wenn ich etwas nicht genau verstanden habe.

Ich lasse das sprechende Kind ausreden.

3 Markiere die Zuhörtipps, die dir schon gut gelingen.

4 Beobachte dich bei einigen Klassen- oder Gruppengesprächen selbst.
Schreibe das Datum in die Tabelle.
Bewerte deine Beobachtung mit einem ☺ oder ☹.
☺ bedeutet: Das ist mir heute gut gelungen.
☹ bedeutet: Das ist mir heute nicht gelungen.

5 Schreibe in die dritte Zeile, was du bei dir noch beobachten willst.

	am _____	am _____	am _____
Ich habe die sprechenden Kinder angeschaut.			
Ich habe die Kinder aussprechen lassen.			
_____ _____			

Einen Vortrag vorbereiten und Feedback geben

1 Bringe die Tipps für einen Vortrag in eine sinnvolle Reihenfolge.
Schreibe dazu die Überschriften an die richtige Stelle:

1. Vor dem Vortrag	2. Zu Beginn des Vortrags
3. Beim Vortrag	4. Am Ende des Vortrags

Was ist eigentlich ein Feedback?

_____
– aufrecht stehen
– laut, deutlich und frei sprechen
– die Zuhörer anschauen
– Gegenstände und Bilder zeigen und erklären

_____
– Stichwortzettel sortieren und nummerieren
– den Vortrag vorher mit einem anderen Kind üben

_____
– das Plakat gut sichtbar aufhängen
_____
– am Anfang das Thema nennen

_____
– am Ende das Wichtigste noch einmal nennen
_____
– Fragen der Zuhörer beantworten

2 Nach jedem Vortrag geben die anderen Kinder
dem vortragenden Kind ein Feedback.
Markiere die Satzanfänge, die dir Mut machen würden,
weitere Vorträge zu halten.

Ich habe gelernt, dass …

Es war doof, dass du …

Mir hat es gefallen, als du …

Ich finde toll, wie du …

Du hast so oft …

Warum hast du nicht …?

Ich habe einen Tipp für dich: …

Du könntest doch …

3 Sprich mit einem anderen Kind über eure Ergebnisse.

4 Überlegt euch noch weitere Aussagen, die euch Mut machen würden.

▶ Sprachbuch: Seite 20, 21

Einen Vortrag halten und Feedback geben

1 Hier sind Stichwortkarten und ein Plakat für einen Vortrag über
den Eiffelturm. Lest euch zu zweit alles gut durch und sprecht darüber.

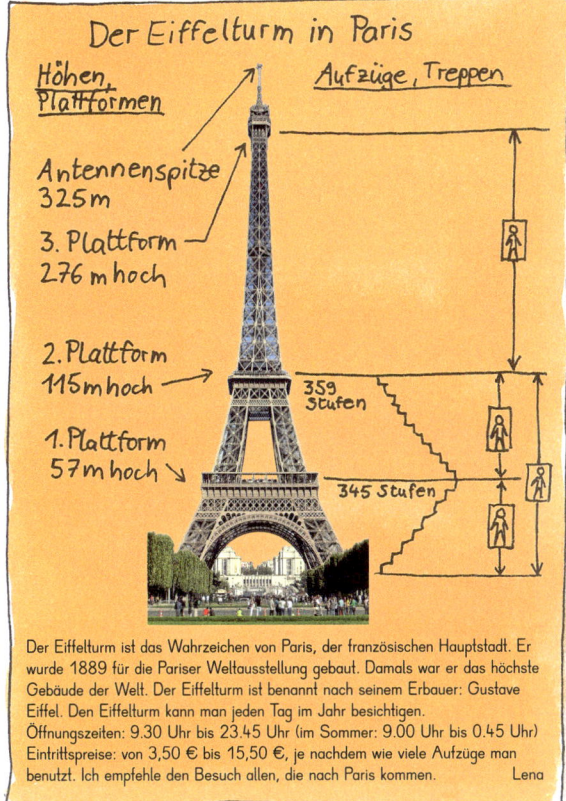

Der Eiffelturm in Paris

Höhen, Plattformen   Aufzüge, Treppen

Antennenspitze
325 m
3. Plattform
276 m hoch

2. Plattform
115 m hoch →   359 Stufen

1. Plattform
57 m hoch ↘   345 Stufen

Der Eiffelturm ist das Wahrzeichen von Paris, der französischen Hauptstadt. Er
wurde 1889 für die Pariser Weltausstellung gebaut. Damals war er das höchste
Gebäude der Welt. Der Eiffelturm ist benannt nach seinem Erbauer: Gustave
Eiffel. Den Eiffelturm kann man jeden Tag im Jahr besichtigen.
Öffnungszeiten: 9.30 Uhr bis 23.45 Uhr (im Sommer: 9.00 Uhr bis 0.45 Uhr)
Eintrittspreise: von 3,50 € bis 15,50 €, je nachdem wie viele Aufzüge man
benutzt. Ich empfehle den Besuch allen, die nach Paris kommen.   Lena

---

1. Mein <u>Thema:</u> Der Eiffelturm
• Warum? Unser Urlaub im letzten
  Jahr
• Wahrzeichen von Paris
• 1889 von G. Eiffel zur Weltausstellung in Paris erbaut
• damals 312 m hoch, höchstes
  Gebäude der Welt, später Antenne
  drauf, jetzt 325 m

---

2. Das <u>Bauwerk</u> besteht aus
Stahlteilen und Nieten
• 4 große Eckpfeiler, darin Treppen
  und Aufzüge, Pfeiler nach oben
  geschwungen
• unten vier große Bögen

---

3. Die drei <u>Plattformen</u> können
besucht werden.
• 1. Plattform: Aussichtsgalerie, 3000
  Leute gleichzeitig, Kino, Postamt,
  Souvenirstände, großer Saal
• 2. Plattf.: 115 m hoch: Aussichtsgalerie, 1600 Leute, Restaurant
• 3. Plattf.: 276 m, nur mit Aufzügen
  erreichbar: Aussichtsterrasse,
  400 Leute, teures Restaurant,
  Zimmer von G. Eiffel

---

4. <u>Interessantes</u>
• Er wird alle 7 Jahre gestrichen
• Arbeit im Turm für 600 Leute
• Öffnungszeiten und Preise auf dem
  Plakat
• Fragen?

---

2 Teilt euch nun in eurer Zweiergruppe die Rollen auf:
Ein Kind hält den Vortrag. Das andere Kind gibt danach ein Feedback,
das Mut macht. Denkt dabei an die Tipps von Seite 14.
Dann tauscht ihr die Rollen.

3 Was ist dir bei deinem eigenen Vortrag gut gelungen? Schreibe es auf.

_____

4 Welches Feedback hat dir am meisten Mut gemacht? Schreibe es auf.

_____

▸ Sprachbuch: Seite 20, 21

Ein Rollenspiel planen

1 Lest euch in Kleingruppen diese Streitsituationen durch. Sprecht darüber.

Lisa hat ihr größtes Geheimnis ihrer besten Freundin Marie anvertraut. Marie hat es Mia weitererzählt. Nun kennen alle Mädchen der Klasse Lisas Geheimnis. Lisa ist sehr wütend auf Marie und Mia.

Leon wollte in der Pause gern mit Max und Linus spielen. Aber die beiden haben ihn mal wieder nicht mitspielen lassen. Auf dem Rückweg zur Klasse rempelt Leon Max an.

Maya, Tim und Liam spielen an der Tischtennisplatte Rundlauf mit einem Ball. Ida ist dran, rennt dann aber mit dem Ball weg, um mit ihren Freunden Fußball zu spielen. Maya, Tim und Liam sind empört und wütend.

Aua! Na warte!

2 Entscheidet gemeinsam, welche Situation ihr im Rollenspiel spielen möchtet. Verteilt dann die Rollen.

3 Nun plane deine Rolle zuerst allein. Schreibe dir Stichwörter auf.

Welches Kind wirst du spielen? _____

Wie fühlst du dich als dieses Kind? _____

_____

Warum hast du diese Gefühle? _____

_____

_____

Was ist aus deiner Sicht passiert? _____

_____

_____

Sprechen und Zuhören

16

▶ Sprachbuch: Seite 22

Einen Streit im Rollenspiel lösen

1 Welche Ideen hast du für eine Lösung des Problems? _____

_____

2 Vergleicht in der Kleingruppe eure Planungen und Lösungsideen und sprecht darüber.

3 Lest den Tippkasten.
Überlegt, welche Tipps ihr bei eurem Rollenspiel berücksichtigen wollt.
Plant das Rollenspiel so, dass der Streit zu einem guten Ende kommt.

Tipp

Bei einem Streit:
– Ich schlage nicht zurück.
– Ich benutze das Stoppzeichen.
– Ich hole mir Hilfe.
– Ich frage, was los ist.
– Ich sage, wie ich mich fühle.
– Ich höre gut zu.
– Ich beleidige nicht.

4 Welche Tipps möchtest du in deiner Rolle beachten? Markiere sie in dem Tippkasten.

5 Schreibe einige Sätze auf, die du in deiner Rolle sagen willst.

_____

_____

_____

6 Übt nun das Rollenspiel mehrmals.
Besprecht nach jedem Spiel, was ihr verändern wollt.

7 Wenn ihr zufrieden seid, spielt es einer anderen Gruppe oder der ganzen Klasse vor. Ihr könnt es auch filmen.

8 Die anderen Kinder beobachten:
Welches Verhalten hat zur Einigung geführt?
Welche gesprochenen Sätze haben zur Einigung geführt?

9 Sprecht über eure Beobachtungen.

Sprechen und Zuhören

Werkstatt: Texte verfassen

Eine Geschichte planen ...

1 Lies den Anfang der Fantasiegeschichte.

Robert wachte auf und blinzelte verschlafen ins Helle.
Was war das? Seine Augen wurden riesengroß
und er stieß einen leisen Schrei aus. Wo war er?
Sein Bett stand nicht mehr in seinem Zimmer, sondern ...

Schritt 1: Eine Idee haben

2 Wo könnte Roberts Bett stehen? Schreibe deine Ideen auf.

_____

_____

3 Entscheide dich für eine Idee und kreise sie ein.
Du kannst auch dazu malen.

Schritt 2: Eine Geschichte planen

4 Wie geht die Geschichte weiter?
Sammle deine Ideen in einem Gedankenschwarm.

▶ Sprachbuch: Seite 26, 27

Texte verfassen

... schreiben, überarbeiten und veröffentlichen

Schritt 3: Einen Entwurf schreiben

5 Schreibe deine Geschichte auf.

Schritt 4: Eine Geschichte überarbeiten

6 Lies deine Geschichte einem anderen

Kind vor: _____

(Name)

Sprecht über diese Fragen:
Kann man die Geschichte verstehen?
Ist die Geschichte interessant?

> **Einen Entwurf schreiben**
>
> * an jede zweite Zeile setzen
>
> Rand lassen
>
> mit Bleistift schreiben
>
> nur in die * Zeilen schreiben
>
> Stichwörter benutzen,
> wenn du sie brauchst

Das Zuhörkind schreibt auf, was ihm besonders gefällt:

_____

_____

Das Zuhörkind gibt dir noch einen Tipp:

_____

_____

7 Überarbeite deine Geschichte und schreibe sie auf.

> Kontrolliere auch die Rechtschreibung.

Schritt 5: Eine Geschichte veröffentlichen

8 Kreuze an, wie du deine Geschichte veröffentlichen und präsentieren willst.

☐ Ich will meine Geschichte vorlesen.

☐ Ich will meine Geschichte in meinem Portfolio abheften.

☐ Ich _____

▶ Sprachbuch: Seite 26, 27

Texte verfassen

Eine Geschichte mit dem roten Faden planen ...

1 Schau dir das Bild an.

2 Schreibe deine Ideen an den roten Faden.

Um wen geht es?

Wo spielt die Geschichte?

Welches Problem tritt auf?

Wie fühlt sich die Figur nun?

Welche Idee hat die Figur?

Was unternimmt die Figur, um das Problem zu lösen?

Wie endet die Geschichte?

Ende

▶ Sprachbuch: Seite 28

Texte verfassen

... und aufschreiben

3 Schreibe die Geschichte auf.
Lass die erste Zeile für die Überschrift frei.

_____

_____

_____

_____

_____

_____

_____

_____

_____

_____

_____

4 Lies deine Geschichte einem anderen Kind vor.
Sucht gemeinsam nach einer passenden
Überschrift. Schreibe sie auf.

5 Welcher Satz in deiner Geschichte gefällt dir
am besten?
Markiere ihn grün.

Diese Stelle
gefällt mir
besonders
gut.

▶ Sprachbuch: Seite 28

Texte verfassen

Geschichten entwickeln: Anfang – Mittelteil – Ende

1 Besprecht, aus welchen Teilen jede Geschichte besteht.

Der **Anfang** verführt zum Weiterlesen und enthält wichtige Informationen.

Im **Mittelteil** passiert etwas
- Ungewöhnliches
- Besonderes
- Spannendes
- Problematisches

Am **Ende** wird kurz erzählt, wie die Geschichte ausgeht.

2 Lies die Geschichte und markiere im Text die wichtigen Informationen des Anfangs.

1 Im Kaufhaus war die Hölle los. Mitten im dichtesten Gewimmel von
2 Menschen stöberte Samirs Mutter nach einer neuen Winterjacke.
3 Wie langweilig, dachte Samir.
4 Er setzte sich auf einen Stuhl in der Nähe und wartete. Schließlich wurde
5 er ungeduldig, stand auf und sah sich um. Menschen überall. Nur seine
6 Mutter, die war plötzlich nirgends mehr zu sehen. Panik kroch in ihm hoch.
7 Wo war sie? Suchend stolperte er zwischen den Umkleidekabinen herum.
8 Da beugte sich plötzlich eine Verkäuferin zu ihm: „Kann ich dir irgendwie
9 helfen?"
10 In diesem Moment ertönte eine Durchsage: „Der achtjährige Samir wird
11 von seiner Mutter gesucht. Er wird im Erdgeschoss bei den Zeitschriften
12 erwartet."

3 Die Geschichte hat noch keine Überschrift. Lies die Überschriften und entscheide.

Im Kaufhaus ☐ zu allgemein ☐ verrät zu viel

☐ macht neugierig

Die große Aufregung ☐ zu allgemein ☐ verrät zu viel

☐ macht neugierig

Meine Idee für eine Überschrift:

_____

Texte verfassen

▶ Sprachbuch: Seite 29
⬇ Lernsoftware: Nr. 1

4 Wie gefällt dir das Ende der Geschichte?

☐ Gut. Ich kann mir denken, dass sie sich gleich treffen werden.

☐ Mir fehlt noch ein abschließender Schlusssatz. Zum Beispiel so:

_____

_____

5 Im Mittelteil hätte auch etwas anderes passieren können.
Verändere die Geschichte.

Samir setzte sich auf einen Stuhl in der Nähe und wartete. Wie langweilig.
Da sah er …

_____

_____

_____

_____

_____

_____

_____

_____

_____

_____

_____

Texte verfassen

Überarbeiten mit Textlupen 1

1 Lies den Text.

Vermeide langweilige Wortwiederholungen.

Ein Ausflug

Die Lehrerin ruft die Kinder zusammen. Sie wollen einen

kleinen Ausflug machen. Alle Kinder _____

gehen

schnell zur Lehrerin. Einige Kinder _____ vor Freude in

gehen

die Luft. Sie gehen los.

Martina _____ nach vorn zu ihren Freundinnen.

gehen

Da knickt sie an der Bordsteinkante mit dem Fuß um.

Alle Kinder _____ zu Martina. Zwei Kinder stützen Martina.

gehen

Sie kann nur noch _____.

gehen

Sie bringen sie in die Schule zurück.

Die Lehrerin geht mit Martina ins Sekretariat. Als sie wiederkommen,

_____ alle Kinder auf sie zu.

gehen

„Martina muss zum Arzt. Und wir _____ jetzt ganz

gehen

vorsichtig wie die Schnecken auf den Spielplatz."

2 Schreibe die passenden Verben in die Zeilen.
Diese Wörter aus dem Wortfeld **gehen** helfen dir.

stolpern	hüpfen	hasten	trippeln	tänzeln
spurten	schlendern	schlurfen	laufen	spazieren
humpeln	rasen	rennen	flitzen	bummeln

Diese Stelle gefällt mir besonders gut.

3 Markiere die Stellen, die dir gut gefallen.

▶ Sprachbuch: Seite 31
⬇ Lernsoftware: Nr. 2, 3

Texte verfassen

Überarbeiten mit Textlupen 2

Hier stimmt etwas nicht.

Diese Stelle gefällt mir besonders gut.

1 Lies den Text.

Schneeballschlacht

Gestern fuhr ich mit meiner Freundin Hülya Schlitten.
Wir suchten uns einen guten Platz zum Runterfahren aus.
Dann setzten wir uns auf den Schlitten,
ich hinten zum Lenken und Hülya vorn.
Wir rasten wie der Blitz runter.
Hülya flüsterte ziemlich laut.
Plötzlich konnte ich nicht mehr lenken.
Beinahe kippten wir mit dem Schlitten.
Da sah ich, dass Hülya mutig
mit ihren Beinen lenkte.
Zum Glück kamen wir gut unten an.
Dann fielen wir uns glücklich vor Erleichterung in die Arme.

2 Überarbeite den Text mit den zwei Textlupen und markiere die Textstellen.

3 Schreibe die Textstellen auf, die dir gut gefallen und
schreibe die Textstellen auf, die du verbessern willst.

Texte verfassen

Einen Text spannender machen

1 Lies die Geschichte und besprecht, was euch auffällt.

Am Fenster

Ich wollte gerade einschlafen. _____

Da hörte ich ein Geräusch. _____

Ich knipste meine Nachttischlampe an. _____

Es klopfte am Fenster. _____

Ich zog meine Decke über den Kopf. _____

Dann guckte ich unter der Decke hervor. _____

Ich sah einen Schatten am Fenster. _____

Oh, was war das? _____

2 Dieser Text soll spannender werden. Sammelt „Spannungswörter".

3 Überlegt, welche Spannungswörter in jeden Satz passen.
Schreibe sie neben den Satz.

4 Schreibe die spannende Geschichte in dein Heft.

5 Lest euch eure Geschichten gegenseitig vor.

▶ Sprachbuch: Seite 32
⤓ Lernsoftware: Nr. 4, 5

Texte verfassen

Einen Buchstabentext schreiben

1 Schau dir das Bild an und lies den Text dazu.

2 Welche Dinge könnte Frieda noch angeln?
Schreibe einige Wörter auf.

_____

3 Sammle Wörter zu einem anderen Buchstaben.
Ordne sie nach Wortarten.

Nomen	Verben	Adjektive

4 Schreibe einen kurzen Text, in dem möglichst viele Wörter
mit diesem Anfangsbuchstaben vorkommen.

_____

_____

_____

_____

▶ Sprachbuch: Seite 33

Texte verfassen

Ein Parallelgedicht schreiben

Hausspruch

von Gina Ruck-Pauquèt

In meinem Haus,
da wohne ich,
da schlafe ich,
da esse ich.

Und wenn du willst,
dann öffne ich
die Tür
und lass dich ein.

In meinem Haus,
da lache ich,
da weine ich,
da träume ich.

Und wenn ich will,
dann schließe ich
die Tür
und bin allein.

1 Wo ist dein Lieblingsplatz? Kreise ein Wort ein oder finde ein eigenes.

Zimmer   Hütte   Höhle   Versteck   Zelt   _____

2 Was würdest du gern dort machen? Schreibe sechs Verben auf.

_____

_____

3 Schreibe nun in das Gedicht die Wörter zu deinem Lieblingsplatz.

_____spruch

In meine___ _____,

da _____ ich,

da _____ ich,

da _____ ich.

Und wenn du willst,
dann öffne ich

_____ _____
und lass dich ein.

In meine___ _____,

da _____ ich,

da _____ ich,

da _____ ich.

Und wenn ich will,
dann schließe ich

_____ _____
und bin allein.

Texte verfassen

▶ Sprachbuch: Seite 36

Ein Haiku schreiben

Merksatz

Das Haiku ist eine japanische Gedichtform.
Es erzählt vom Menschen und wie er die Natur sieht.
Jedes Haiku hat drei Zeilen, in denen die Anzahl der Silben
festgelegt ist.

1 Finde heraus, wie viele Silben jede Zeile hat.

Wolkengebirge	Zeile 1: _____ Silben
Die Sonne blinzelt hervor	Zeile 2: _____ Silben
Der Himmel zerreißt	Zeile 3: _____ Silben

2 Schreibe die Anzahl der Silben in die Kreise.

Die Luft schmeckt nach Herbst ◯   Vogelschwärme am Himmel ◯

Novembersonntag ◯   Drachen treiben im Himmel ◯

Farbenfeuerwerk im Laub ◯   Rauch steigt von den Hausdächern ◯

Der Winter klopft an ◯   Der Wind heult und pfeift ◯

3 Schreibe ein Herbst-Haiku.

Du kannst auch Zeilen von Aufgabe 2 nehmen.

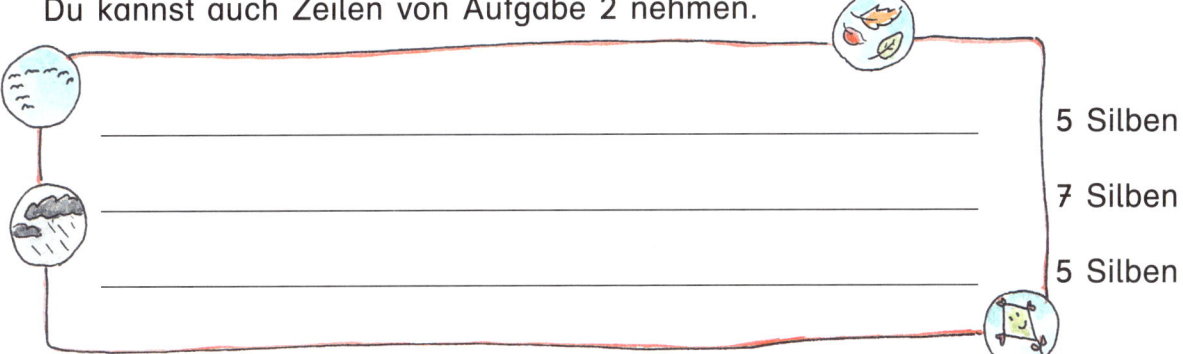

5 Silben

7 Silben

5 Silben

4 Schreibe ein eigenes Haiku zu einer anderen Jahreszeit.

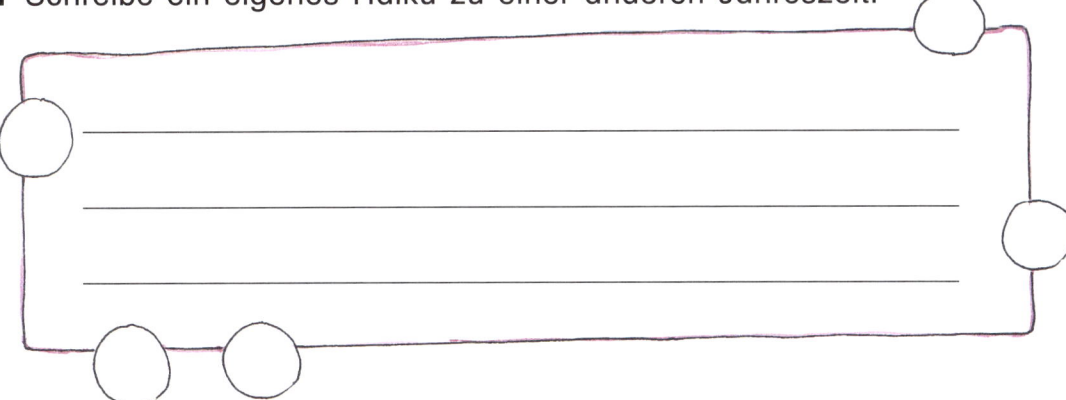

Ein Märchen mit einem roten Faden schreiben

1 Lies den roten Faden.

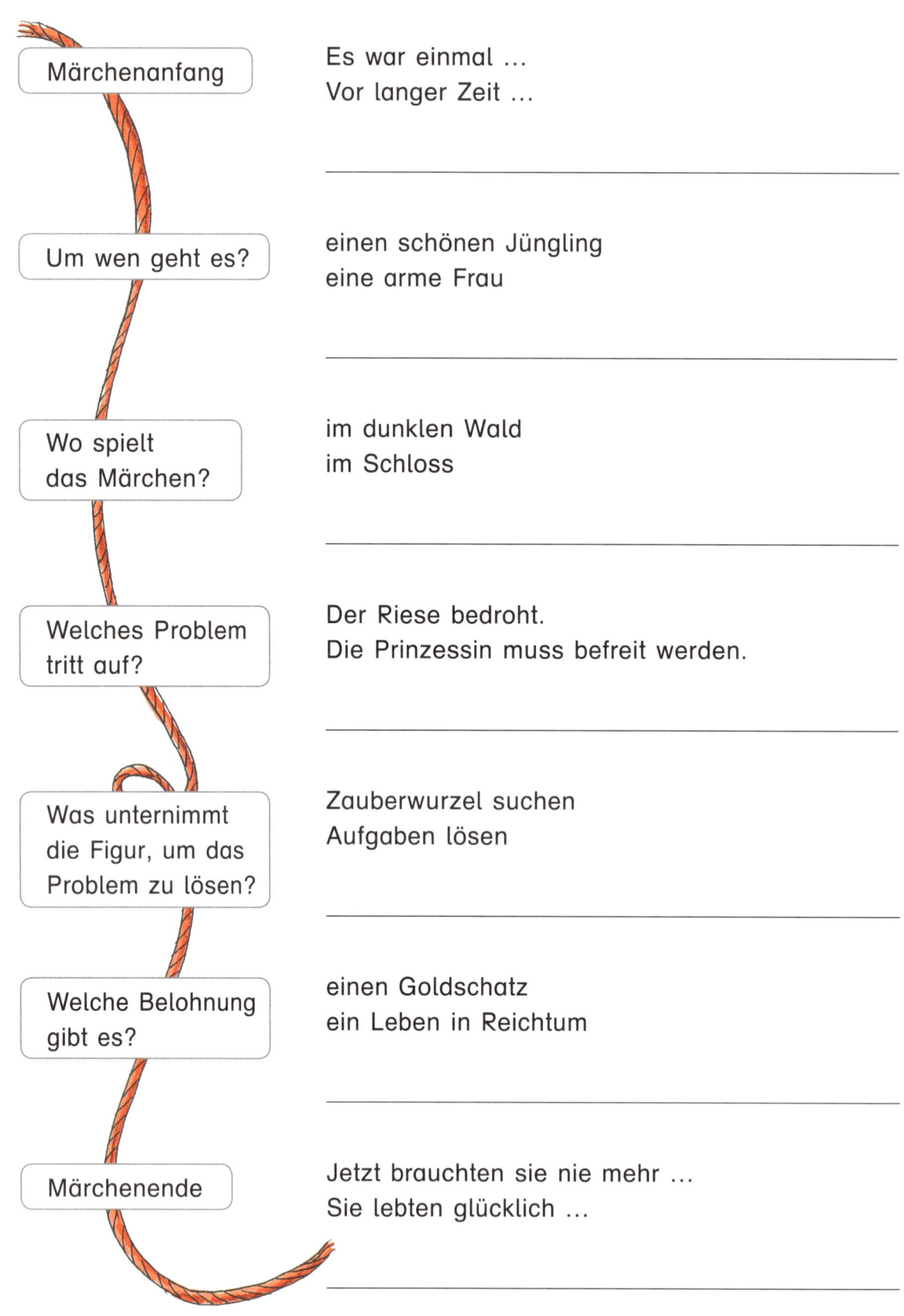

Märchenanfang

Es war einmal ...
Vor langer Zeit ...

_____

Um wen geht es?

einen schönen Jüngling
eine arme Frau

_____

Wo spielt
das Märchen?

im dunklen Wald
im Schloss

_____

Welches Problem
tritt auf?

Der Riese bedroht.
Die Prinzessin muss befreit werden.

_____

Was unternimmt
die Figur, um das
Problem zu lösen?

Zauberwurzel suchen
Aufgaben lösen

_____

Welche Belohnung
gibt es?

einen Goldschatz
ein Leben in Reichtum

_____

Märchenende

Jetzt brauchten sie nie mehr ...
Sie lebten glücklich ...

_____

2 Ihr könnt den roten Faden auch mit eigenen Ideen ergänzen.

3 Schreibt mit diesem roten Faden ein Märchen.

4 Denkt euch eine passende Überschrift aus.

_____

_____

_____

_____

_____

_____

_____

_____

_____

_____

_____

_____

_____

5 Lest euch eure Märchen gegenseitig vor.

Eine Fantasiegeschichte schreiben

1 Bevor du diese Geschichte beginnst, musst du sie etwas vorbereiten.
a. Schreibe eine Liste mit Gegenständen:

_____

_____

b. Kreise den Gegenstand ein, der in deiner Geschichte vorkommen soll.

c. Stell dir vor, dein Gegenstand ist verzaubert.
Was passiert, wenn du ihn anfasst?

_____

_____

2 Jetzt kannst du eine Fantasiegeschichte über diesen magischen
Gegenstand schreiben. Diese Satzanfänge können dir helfen.

Wie immer …   Doch plötzlich …   Das war unglaublich, denn …

Schließlich hatte ich eine Idee …   Seitdem …

_____

_____

_____

_____

_____

_____

3 Lies deine Fantasiegeschichte einem anderen Kind vor.

Texte verfassen

Einen Brief schreiben

1 Die Kinder der Klasse 3a wünschen sich für ihren Schulhof
ein neues Spielgerät. Kreuze an, wofür sie sich entschieden haben:

☐ eine Tischtennisplatte ☐ eine Kletterwand ☐ _____

Darum schreiben sie dem Bürgermeister einen Brief und bitten um
Unterstützung.

2 Kreuze an, welche Wörter du für diesen Brief passend findest.

Anrede: ☐ Liebe(r) ... ☐ Hallo ... ☐ Guten Tag ...

☐ Sehr geehrte(r) ... ☐ Hey ...

Grußformel: ☐ Herzliche Grüße ☐ Tschüss ☐ Viele Grüße

☐ Mit freundlichen Grüßen

Anredepronomen: ☐ du, dich, dein, deine ☐ Sie, Ihnen, Ihr, Ihre

3 Schreibe nun den Brief fertig.

_____ ◀ Datum

_____ ◀ Anrede

wir, die Klasse 3a der Grundschule Dilsberg,

haben eine Bitte.

_____

_____ Für unseren Schulhof ...

_____ In der großen Pause ...

_____

_____

_____ ◀ Grußformel

_____ ◀ Unterschrift

Texte verfassen

Einen Vorgang beschreiben

Popcorn herstellen

1 Schaut euch die Bilder gemeinsam an. Sprecht darüber.

2 Schreibe auf, wie Popcorn hergestellt wird. Ihr könnt zu zweit arbeiten.

Popcorn

Zuerst in einen hohen Topf drei Esslöffel Öl schütten.

Dann den Topf _____

_____

_____

_____

_____

_____

danach

Deckel

Mais

Zucker

Salz

Öl

Herd

mittlere Hitze

3 Vergleicht eure Rezepte.

▸ Sprachbuch: Seite 43
⤓ Lernsoftware: Nr. 6

Stichwörter aufschreiben

1 Lies den Text.

Das größte Riesenrad Europas

1 Das größte Riesenrad Europas dreht sich
2 in London, Englands Hauptstadt.
3 Sein Name ist „London Eye".
4 „Eye" ist das englische Wort für Auge.
5 Das Riesenrad ist 135 m hoch.
6 Das ist ungefähr so hoch wie ein Haus
7 mit 40 Stockwerken.
8 In den 32 Gondeln haben 800 Menschen Platz.
9 Eine Fahrt dauert ungefähr 30 Minuten.

2 Markiere in jeder Zeile die wichtigsten Informationen.
Vergleiche deine Ergebnisse mit einem anderen Kind.

Markiere keine ganzen
Sätze, sondern nur
einzelne Wörter.

3 Schreibe nun die wichtigsten Stichwörter zu dem Text auf.

-
-
-
-
-
-
-

4 Erzähle einem anderen Kind mithilfe deiner Stichwörter, was im Text steht.

Werkstatt: Richtig schreiben

Wörter einer Wortfamilie schreiben

> **Strategie: Ableiten**
>
> Wörter einer Wortfamilie haben denselben Wortstamm:
> <u>wohn</u>en, <u>Wohn</u>ung, be<u>wohn</u>t
> Wenn du den Wortstamm kennst, kannst du meist auch
> die anderen Wörter der Wortfamilie richtig schreiben.

1 Immer drei (vier) Wörter gehören zu einer Wortfamilie.
Markiere gleiche Wortstämme mit derselben Farbe.

Berg	lieb	Decke	bergig	bedeckt	geliebt
entdecken	Berge	verliebt	Liebe	Bergspitze	bedeckt

2 Schreibe die drei (vier) Wörter einer Wortfamilie in eine Zeile.

Decke, bedeckt,

_____

_____

3 Bei diesen Wörtern verändern sich die Wortstämme ein wenig.
Schreibe die beiden Wörter einer Wortfamilie in eine Zeile.

der Schutz	er färbt	ich füttere	versprechen
die Sprache	das Futter	geschützt	farbig

_____

_____

_____

_____

4 Schreibe zu den Wortfamilien von Aufgabe 3 passende Wörter dazu.

▶ Sprachbuch: Seite 49
⤓ Lernsoftware: Nr. 25

Lange und kurze Selbstlaute unterscheiden

1 Sprecht euch die Wörter gegenseitig vor.
Überlegt gemeinsam: Klingt der Anlaut lang oder kurz?

 Abend – Ampel 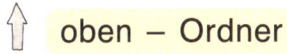 Esel – Ente  Igel – Insel

⇧ oben – Ordner 📕   🛥 Ufo – unten ⇩

2 Ist der Selbstlaut in der ersten Silbe lang oder kurz?
Überlegt gemeinsam.
Setzt einen Punkt unter den kurzen Selbstlaut
und einen Strich unter den langen Selbstlaut.

Juni	brennen	Honig	kosten	Monat	Wolke
Pfanne	Nest	Träne	fressen	Düne	lesen
schöne	Spinne	mutig	drinnen		

3 Schreibe die Wörter mit kurzem Selbstlaut mit Trennstrichen auf.
Schreibe so:

bren-nen,

4 Immer nur ein Wort ist richtig geschrieben.
Sprecht euch die Wörter gegenseitig vor.
Streicht die falschen Wörter durch.

Heißt es Hagel oder Haggel?

malen – mallen   lessen – lesen

Sone – Sonne   rennen – renen   Junni – Juni

ruffen – rufen   Kinno – Kino   Tasse – Tase

▶ Sprachbuch: Seite 50
⬇ Lernsoftware: Nr. 10, 11

Richtig schreiben

Nachdenkwörter: doppelte Mitlaute schreiben

Strategie: Auf den Selbstlaut achten

Wenn du nach einem kurzen Selbstlaut nur einen Mitlaut hörst, wird er beim Schreiben verdoppelt: rennen, Kanne

1 Probiert gemeinsam aus, wie die Wörter richtig klingen und setzt dann die fehlenden Buchstaben ein.

Wörter mit **f** oder **ff**?

tre_____en   ru_____en   Ko_____er

Ta_____el   Lö_____el

Wörter mit **m** oder **mm**?

Hi_____el   ko_____isch   su_____en

Blu_____e   Hu_____el

2 Sprich die Verben und schreibe sie mit Trennstrichen auf.

kommen	brennen	wetten	küssen	bellen
schmettern	tippen	wippen	können	brennen
kämmen	klappern	wissen		

kom-men, _____

_____

_____

3 Schreibe einige Verben mit **er** oder **es** auf. Der doppelte Mitlaut bleibt erhalten.

kommen — er kommt _____

_____

_____

_____

kommen wird mit **mm** geschrieben, deshalb wird **er kommt** auch mit **mm** geschrieben.

▸ Sprachbuch: Seite 51
⬇ Lernsoftware: Nr. 12

Richtig schreiben

Nachdenkwörter mit ck schreiben

> **Strategie: Auf den Selbstlaut achten**
>
> Wenn du nach einem kurzen Selbstlaut ein k hörst,
> schreibst du **ck**: Jạcke, gụcken

1 Setze unter den kurzen Selbstlaut der 1. Silbe einen Punkt.
Markiere das **ck**.

Sọcken	gucken	Flocken	Decke	spucken	dreckig
Schnecke	fleckig	backen	Brücke	Stücke	packen
Sack	kleckern	meckern	Lack		

2 Suche die Reimpaare und schreibe sie mit Trennstrichen auf.

So-cken – Flo-cken _____   _____

_____   _____

_____   _____

_____   _____

3 Schreibe das passende Verb in einer gebeugten Form in die Sätze.

backen   gucken   lecken   stricken   spucken

a. Yasin ist im Kino. Er _____ einen spannenden Film.

b. Marie _____ für ihre Freundin einen Geburtstagskuchen.

c. Meine Schwester _____ mir einen Schal in meiner
Lieblingsfarbe.

4 Schreibe mit den übrigen Verben aus Aufgabe 3 selbst Sätze in dein Heft.

Nachdenkwörter mit tz schreiben

Strategie: Auf den Selbstlaut achten

Wenn du nach einem kurzen Selbstlaut ein (z) hörst,
schreibst du **tz**: Ka̤tze, si̤tzen

1 Setze unter den kurzen Selbstlaut der 1. Silbe einen Punkt.
Markiere das **tz**.

Schmṳtz	Witz	nützlich	Spritze	witzig	schmutzig
nützen	spritzen	spitz	Trotz	Spitze	trotzig

2 Schreibe immer zwei Wörter aus derselben Wortfamilie auf.

Schmutz – schmutzig _____

_____ _____

_____ _____

3 Schreibe die Verben in einer gebeugten Form mit **er** oder **es** auf.

sitzen	schützen	blitzen	schmatzen	kratzen
hetzen	verletzen			

sitzen – er sitzt, _____

_____

_____

4 Schreibe Sätze und benutze dabei viele Wörter mit **tz**.

_____

_____

_____

▶ Sprachbuch: Seite 52
⬇ Lernsoftware: Nr. 16, 17

Nachdenkwörter mit ß – ss unterscheiden

Strategie: Auf den Selbstlaut achten

ß oder ss?
Nach einem langen Selbstlaut oder **au, ei, eu, ie, äu**
schreibst du **ß**: Straße, grüßen, gießen, heiß, Sträuße
Nach einem kurzen Selbstlaut schreibst du **ss**: müssen, Wasser

1 Sprich die Wörter deutlich aus. Markiere die Selbstlaute in der 1. Silbe.
Setze unter die langen Selbstlaute einen Strich
und unter die kurzen Selbstlaute einen Punkt.

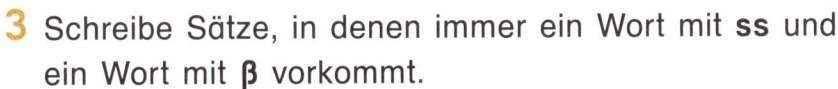

Klasse	große	besser	Füße	draußen
Schlösser	Messer	Gruß	Fluss	nass
Späße	Schoß	wissen	weiße	

2 Schreibe die Wörter geordnet und mit Trennstrichen auf.

Wörter mit **ss**

Klas-se,

Wörter mit **ß**

gro-ße,

3 Schreibe Sätze, in denen immer ein Wort mit **ss** und
ein Wort mit **ß** vorkommt.

Richtig schreiben

Nachdenkwörter mit b, d, g verlängern

Strategie: Verlängern

Wenn du ein Wort verlängerst, hörst du, wie es am Ende geschrieben wird: lie**b** – lie**b**e, run**d** – run**d**e, Zwer**g** – Zwer**g**e

1 Schreibe die Wörter auf und verlängere sie.
Markiere die Buchstaben **b, d, g**.

Dieb	Kind	Pferd	Wand	Berg	Bild
Hund	Bad	Sieb	Zwerg		

Die**b** – Die**b**e,
_____

_____

_____

2 Setze die Nomen aus dem Kasten ein. Markiere den letzten Buchstaben.

Ein _____ schleicht um das Haus herum.

Im Haus hängt ein wertvolles _____

Der _____ bellt laut.

Der _____ trägt eine Zipfelmütze.

3 Lest zu zweit die Adjektive und sprecht sie in der verlängerten Form:
gelb – gelbe, blind –

gelb	blind	blond	klug	lieb	halb
rund	schräg	gesund			

4 Suche dir einige Adjektive aus und schreibe so:
die gel**b**e Blume – Die Blume ist gel**b**.
der blinde Maulwurf – ...
Schreibe noch einige Sätze in dein Heft.

▶ Sprachbuch: Seite 55
⤓ Lernsoftware: Nr. 18

Richtig schreiben

Nachdenkwörter: Verben verlängern

Strategie: Verlängern

Manchmal hören sich **b** und **g** in Verben wie **p** und **k** an:
er gi**b**t, sie trä**g**t
Wenn du die Verben verlängerst, kannst du das **b** und **g**
wieder deutlich hören: ge**b**en, tra**g**en

1 Markiere in den Verben die Buchstaben **b** und **g**.

fliegen	kleben	schreiben	fragen	lieben	liegen
leben	loben	tragen	schieben	schlagen	heben

2 Schreibe einige Verben in der gebeugten Form mit **du, er** oder **es** auf.

er fliegt, _____

_____

3 **b** oder **p**? **g** oder **k**?
Lies die Verben. Verlängere sie und entscheide dann, was fehlt.

es stin___t   er sa___t   er trin___t   sie blei___t   es hu___t   es hän___t

es stinkt – stinken _____   _____

_____   _____

_____   _____

4 Setze in die Sätze die passenden Verben von dieser Seite ein.

Das Geschäft _____ am Sonntag geschlossen.

Der Misthaufen _____. Oma _____ Tee.

Der Autofahrer _____ laut. Das Bild _____ an der Wand.

5 Schreibe weitere Sätze mit den Verben von dieser Seite in dein Heft.

▶ Sprachbuch: Seite 56
⬇ Lernsoftware: Nr. 19

Nachdenkwörter mit ä und äu ableiten

Strategie: Ableiten

ä oder **e**? **äu** oder **eu**?
Wenn du verwandte Wörter mit **a** oder **au** finden kannst,
schreibst du fast immer **ä** oder **äu**: fangen – er fängt, laufen – er läuft

1 Schreibe die Bildwörter mit Artikel in der Einzahl und der Mehrzahl auf.

     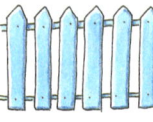

der Schrank – die Schränke _____

_____ _____

_____ _____

2 Schreibe die gebeugte Form oder die Grundform dazu.

schlafen – er schläft _____ – sie fällt

fangen – er _____ _____ – es hält

graben – er _____ _____ – sie wäscht

3 Schreibe die Bildwörter und fehlenden Buchstaben in die Lücken.

Im Keller wohnen zwei kleine  _____. Eine l____ft in die

Speisekammer und sucht in den Regalen und  _____

nach Futter. Die andere  _____ schl___ft tief und fest.

Im Regal über ihr f___llt etwas um. Vor Schr___ck wacht sie auf.

Upps, das war gef___hrlich. Jetzt kann sie nicht l___nger schlafen!

4 Schreibe den Text in dein Heft.

Merkwörter mit Dehnungs-h üben

Merksatz

Manchmal ist der lange Selbstlaut mit einem Dehnungs-h gekennzeichnet.
Dieses **h** bleibt in allen Wörtern einer Wortfamilie erhalten:
zählen, gezählt, Zahl

1 Schreibe in jede Zeile eine Wortfamilie auf.

wählen	bohren	fahren	kühlen	Bohrer
kühl	Wahl	fährt	Fahrer	Kühlschrank
gewählt	bohrt	gekühlt	Wahlkabine	Bohrmaschine	Gefahr

wählen, _____

_____

_____

_____

2 Schreibe die Wörter geordnet auf.

zählen	sehr	zehn	fehlen	fühlen	Jahr
Rahmen	ohne	Uhr	wohnen	zahm	nehmen
ihm	ehrlich	Zahn	Stuhl		

hl: _____

hm: _____

hn: _____

hr: _____

3 Schreibe zu Wörtern von Aufgabe 2 Wörter aus den Wortfamilien auf.

▸ Sprachbuch: Seite 59
⬇ Lernsoftware: Nr. 23

Richtig schreiben

Merkwörter üben

Strategie: Merken

Bei Merkwörtern helfen Mitsprechen oder Strategien nicht weiter.
Du musst sie dir merken.

1 Einige Wörter haben dieselbe schwierige Stelle.
Überlegt gemeinsam und kreist sie in derselben Farbe ein.

das Pony	der Fuchs	sechs	das Baby
der Luchs	der Teddy	das Hobby	die Eidechse

2 Schreibe die Wörter in eine Zeile, die dieselbe schwierige Stelle haben.

Pony, _____

_____

3 Schreibe diese Merkwörter geordnet auf.

voll	Biber	Schnee	Krokodil	heute
Mai	Haare	Hai	Leute	Pullover
viel	Mandarine	Boot	Kaiser	teuer

deutliches i: _____

eu: _____

aa/ee/oo: _____

v/V: _____

ai: _____

4 Schreibe mit Merkwörtern von dieser Seite Sätze in dein Heft.

5 Sammelt weitere Merkwörter.

▶ Sprachbuch: Seite 60
⤓ Lernsoftware: Nr. 13

Richtig schreiben

Nachdenkwörter mit h schreiben

> **Strategie: In Silben sprechen**
>
> Ein **h** zwischen zwei Selbstlauten kannst du hören,
> wenn du das Wort in Silben sprichst: dre-**h**en

1 Sprecht euch die Wörter gegenseitig in Silben vor.

drehen	nähen	mähen	sehen	krähen	gehen
wehen	spähen				

2 Schreibe diejenigen Wörter, die sich reimen, in eine Zeile.

_____

_____

> **Strategie: Ableiten**
>
> Mit oder ohne **h**?
> Wenn du das Wort verlängerst und in Silben sprichst,
> kannst du das **h** hörbar machen: er dre**h**t – dre-**h**en

3 Schreibe neben die Verben die gebeugte Form mit **er** oder **es**.
Das **h** aus der Grundform bleibt erhalten.

er steht _____ – stehen   _____ – gehen

_____ – ziehen   _____ – blühen

_____ – drehen   _____ – nähen

_____ – drohen   _____ – fliehen

4 Schreibe die Bildwörter auf. Sprich vorher die Mehrzahlform.

_____

▶ Sprachbuch: Seite 61

Richtig schreiben

Wortbausteine -ig und -lich: Adjektive schreiben

Strategie: Mitsprechen

-**ig** oder -**lich**?
Viele Adjektive enden auf -**ig** oder -**lich**: witzig, schrecklich
Wenn du hinten ein l hörst, wird das Wort meist mit -**lich** geschrieben.

1 Bilde Adjektive mit dem Wortbaustein -**ig**.
Schreibe auch eine verlängerte Form dazu.

der Witz   witzig   witzige

die Neugier   _____   _____

das Gift   _____   _____

der Mut   _____   _____

die Ecke   _____   _____

2 Bilde Adjektive mit dem Wortbaustein -**lich**.
Schreibe auch eine verlängerte Form dazu.

der Schreck   schrecklich   schreckliche

das Glück   _____   _____

der Freund   _____   _____

der Sport   _____   _____

die Gefahr   _____   _____

3 Schreibe einige Adjektive mit einem passenden Nomen in dein Heft:

der windige Tag, ...

4 Sammelt weitere Wörter mit den Wortbausteinen -**ig** und -**lich**.

▶ Sprachbuch: Seite 62
⬇ Lernsoftware: Nr. 26

Richtig schreiben

Nachdenkwörter:
Zusammentreffen gleicher Buchstaben beachten

Wenn du ein zusammengesetztes Wort zerlegst,
erkennst du, ob zwei gleiche Buchstaben aufeinandertreffen.
Du musst dann auch beide Buchstaben schreiben:
aus + sehen – aussehen

1 Immer zwei gleiche Buchstaben sollen aufeinandertreffen.
Schreibe die zusammengesetzten Wörter auf.
Markiere die zwei gleichen Buchstaben.

Bilder	viel	Stuhl	Obst	Lehne	Torte
leicht	Rahmen	Vieh	Tannen	Nadel	Herde

Bilderrahmen, _____

_____

2 Schreibe mit den Wörtern von Aufgabe 1 Sätze auf.

3 Setze die Verben so mit den Vorsilben zusammen,
dass zwei gleiche Buchstaben aufeinandertreffen.

ab	suchen	abbiegen	auf	raten	_____
aus	biegen	_____	ver	fordern	_____
ver	geben	_____	aus	nähen	_____
weg	rechnen	_____	an	sägen	_____

4 Schreibe die Verben von Aufgabe 3 mit Trennstrichen auf.

ab-bie-gen, _____

_____

Richtig schreiben

Wörter großschreiben

1 Lies den Text.
Hier wurden alle Wörter kleingeschrieben.

die kinder der klasse 3d haben gemeinsam ein

großes bild über die meereszonen gestaltet in

der nähe der wasseroberfläche sind

fischschwärme, delfine, quallen und schildkröten

zu sehen besonders gut ist die dunkelzone gelungen

die lebewesen dort sehen richtig unheimlich aus!

Fehler finden

2 Setze die beiden (drei) fehlenden Punkte.
Markiere dann die beiden (vier) Satzanfänge.
Markiere dann auch die zehn (zwölf) Nomen.

3 Schreibe den Text richtig auf.

Die _____

_____

_____

_____

_____

_____

_____

_____

Richtig schreiben

Fehler finden mit der Rechtschreib-Lupe

Tipp

Vorwärts lesen:
- Satzzeichen gesetzt?
- Satzanfänge großgeschrieben?
- Nomen und Namen großgeschrieben?

Rückwärts lesen, Wort für Wort:
- **Mitsprechwort?** Sprich deutlich mit.
- **Nachdenkwort?** Das könnte dir helfen:
  - auf lange und kurze Selbstlaute achten
  - das Wort verlängern oder ableiten
  - auf Wortbausteine/Wortfamilie achten
- **Merkwort?** Schlage im Wörterbuch nach.

Fehler finden

1 Überarbeite diesen Text mit der Rechtschreib-Lupe.
Markiere die acht (zehn) Fehler.

Seit etwa 140 Jahrn gipt es Telefone

diese geräte saen anders aus als unsere Telefone heute.

Nur wenige Mänschen haten ein Telefon.

Ein gespräch muste bei einem Amt angemeldet werden.

2 Schreibe den Text richtig auf.

Richtig schreiben

Werkstatt: Sprache untersuchen

Nomen ordnen

Merksatz

Nomen sind...
Wörter für **Menschen:** Matrose, ... Wörter für **Tiere:** Hai, ...
Wörter für **Pflanzen:** Palme, ... Wörter für **Dinge:** Schwert, ...

1 Was benennen diese Nomen? Ergänze die Überschriften und schreibe in jede Spalte zwei eigene Nomen.

Nomen für _Pflanzen_	**Nomen für** _____
Kokosnuss	Pirat

Nomen für _____	**Nomen für** _____
Schatztruhe	Papagei

2 In jeder Zeile sind drei Nomen versteckt. Schreibe sie mit den Artikeln auf.

SCHAUFEL   GRÄBT   ANSTRENGEND   SANDIG   SCHATZ   MÜNZEN

_____

KANONE   FEUERT   KAPITÄN   BRENNENDE   VERTEIDIGEN   SEGEL

_____

RATTE   BROT   KNABBERT   KOCH   WÜTEND   EINFANGEN

_____

▶ Sprachbuch: Seite 70
⬇ Lernsoftware: Nr. 32

Nomen für Gefühle und Zeiten großschreiben

Wörter für **Gefühle** und **Zeiten** können Nomen sein.
Sie werden großgeschrieben: der Ärger, der Sommer

1 Unterstreiche grün: Dieses Gefühl mag ich.
Unterstreiche rot: Dieses Gefühl mag ich nicht.

das Glück	die Trauer	der Durst	der Schmerz	die Freude
der Schreck	der Spaß	die Liebe	die Langeweile	die Aufregung

2 Sortiere die Nomen.

Ärger	Mittag	Hunger	Frühling	November
Minute	Angst	Mut	Sonntag	Begeisterung

Nomen für Gefühle: _____

_____

Nomen für Zeiten: _____

_____

3 Markiere im Text alle Nomen. Schreibe die Nomen für Gefühle darunter.

Glück gehabt!
Mein Lieblingsbuch war verschwunden.
Ich hatte Sorge, dass ich es nie mehr wiederfinden würde.
Mit letzter Hoffnung schaute ich ganz hinten unter meinem Bett nach.
Welche Überraschung! Da lag nicht nur mein Buch,
sondern auch eine ganze Tafel Schokolade!
So ein Glück muss man erst mal haben!
Jetzt konnte ich mit Freude weiterlesen
und dabei mit großem Hunger die Schokolade verputzen.

_____

_____

Sprache untersuchen

▶ Sprachbuch: Seite 71, 72
⤓ Lernsoftware: Nr. 32

Die Mehrzahl bilden

Nomen haben **Einzahl** (Singular) und **Mehrzahl** (Plural).
Die Mehrzahl bildet man meist
mit Endungen: der Junge – die Junge<u>n</u>   der Pulli – die Pulli<u>s</u>
oder mit Umlauten: der Bruder – die Br<u>ü</u>der   der Vogel – die V<u>ö</u>gel

1 Schreibe die Nomen in der Mehrzahl auf.
Sortiere die Mehrzahlwörter nach ihren Endungen.

das **Foto**	die **Tafel**	der **Stift**	das **Bild**
das **Kind**	das **Heft**	die **Uhr**	der **Radiergummi**

Mehrzahl mit **-s**: die Fotos, _____

Mehrzahl mit **-er**: _____

Mehrzahl mit **-n/-en**: _____

Mehrzahl mit **-e**: _____

2 Schreibe die Mehrzahlformen mit **ä, ö, ü** oder **äu** auf.

der **Wald**	das **Blatt**	der **Frosch**	der **Wolf**	der **Busch**	der **Fuchs**
der **Baum**	die **Maus**	der **Wurm**	der **Vogel**	der **Ast**	der **Strauch**

die Wälder, _____

_____

_____

3 Markiere die vier Nomen,
bei denen Einzahl und Mehrzahl genau gleich sind.

der **Tisch**	der **Stuhl**	der **Becher**	das **Glas**
der **Teller**	das **Messer**	die **Gabel**	der **Löffel**

Sprache untersuchen

Nomen erkennen

Ein Nomen kann man daran erkennen,
dass ein Artikel davorstehen kann: <u>der</u> Turm, <u>eine</u> Burg, ...
Die Artikel in der **Einzahl** sind ...
Die Artikel heißen der, die, das, den, dem, des und ein, eine, einem,
einen, einer, eines.
In der **Mehrzahl** gibt es nur den Artikel **die**:
der Ritter – die Ritter, die Burg – die Burgen, das Pferd – die Pferde

1 Unterstreiche in dem Text alle Artikel blau und alle Nomen schwarz.

Der Ritter und die Prinzessin

Hoch oben auf dem Berg stand eine Burg,

und dort lebte in dem Turm ein Ritter.

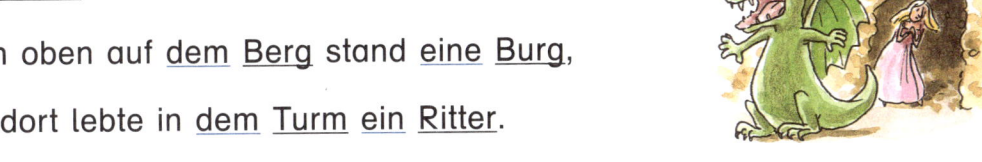

Eine Prinzessin wurde von einem Drachen in einer Höhle bewacht.

2 Unterstreiche die Artikel blau und die Nomen schwarz.
Schreibe die Sätze dann richtig auf.

DER RITTER SCHLICH ZU DEM DRACHEN

Der Ritter _____

UND PIEKSTE IHN MIT EINER LANZE.

_____

DER SCHRECK DES DRACHEN WAR SO GROß,

_____

DASS ER DIE PRINZESSIN FREILIEß.

_____

3 In jeder Zeile fehlen zwei Artikel. Trage sie an den richtigen Stellen ein.

_____ Burg _____ ist _____ gut _____ gegen _____ Angriff _____ gesichert.

_____ Drache _____ traut _____ sich _____ nicht _____ mehr _____ in _____ Nähe.

Sprache untersuchen

Adjektive erkennen und verwenden

Strategie

Wenn du etwas genauer beschreiben möchtest,
dann helfen dir **Adjektive**:
Das Wetter ist (wie?) **schrecklich**. –
Das (was für ein?) **schreckliche** Wetter

1 Unterstreiche die Adjektive und forme um.

Der Ritter ist <u>mutig</u>.   der mutige Ritter

Die Burg ist sicher.   _____

Der Turm ist rund.   _____

Die Lanze ist spitz.   _____

Die Prinzessin ist _____   _____

Die Höhle ist _____   _____

2 Beschreibe dich selbst. Setze Adjektive ein, die zu dir passen.

blau	braun	grün	grau	blond	schwarz	kurz
lockig	hell	strubbelig	glatt	witzig	sportlich	fröhlich
lustig	gestreift	dunkel	bunt	lang	rot	???

Ich habe _____ Augen und _____ Haare.

Ich trage gern _____ Schuhe und _____ Pullis.

Ich bin _____ und manchmal _____.

3 Bilde Adjektive mit der Endung **-ig**.

Der Schmutz ist schmutzig_____.   Das Gift ist _____.

Der Riese ist _____.   Der Witz ist _____.

56

▶ Sprachbuch: Seite 76, 93
⬇ Lernsoftware: Nr. 4, 37

Sprache untersuchen

Mit Adjektiven vergleichen

1 Ergänze die fehlenden Adjektive.

| lang | klein | schwarz | braun | weiß | rund |

Jannes:

Mein Hund heißt Fido.

Er hat _____ Fell

und _____ Ohren.

Samira:

Mein Hund heißt Ajax.

Er hat _____ Fell

und _____ Ohren.

Klara:

Mein Hund heißt Waldi.

Er hat _____ Fell

und _____ Ohren.

> **Merksatz**
>
> Mit Adjektiven kannst du Dinge **vergleichen**.
> Sie haben eine **Grundform**:   Der Wolf ist **groß**.
> Sie haben eine **Steigerungsform**:   Das Zebra ist **größer**.
> Sie haben eine **Höchstform**:   Der Elefant ist **am größten**.

2 Welcher Hund ist am größten? Welcher am kleinsten? Setze ein.

| größer | kleiner | am größten | am kleinsten |

Ajax ist _____ als Fido.   Waldi ist _____ als Fido.

Fido ist _____ als Waldi.   Fido ist _____ als Ajax.

Ajax ist _____ von allen.   Waldi ist _____ von allen.

3 Ergänze die Tabelle.

Grundform	Steigerungsform	Höchstform
schön		
	älter	
		am schnellsten

Sprache untersuchen

Richtig schreiben: Artikel – Adjektiv – Nomen

Zwischen einem **Artikel** und einem **Nomen** kann ein **Adjektiv** stehen:

Artikel	Adjektiv	Nomen
die	**gelbe**	**Jacke**

Das **Adjektiv** schreibt man **klein**, das **Nomen** schreibt man **groß**.

1 Schreibe die Adjektive und die Nomen in die Lücken.

Das Mädchen hat unter der _____ ein
GELBEN JACKE

_____ mit _____ an.
GRÜNES T-SHIRT   ROTEN STREIFEN

Sie trägt eine _____.
BLAUE JEANS

Die _____ sind neu.
KNALLROTEN TURNSCHUHE

Unter der _____ schauen die
SCHWARZEN MÜTZE

_____ hervor.
ROTEN HAARE

2 Male das Bild des Jungen an.
Setze in die Lücken die Nomen mit passenden Adjektiven ein.

Hose: Der Junge hat eine _____ an.

Pulli: Er trägt einen _____.

Jacke: Er hat eine _____ angezogen.

Mütze: Er trägt eine _____.

Haare: Darunter schauen seine _____ hervor.

Schuhe: Die _____ sind neu.

3 Schreibe einen ähnlichen Text über ein anderes Kind aus deiner Klasse.
Lass jemanden erraten, wen du beschrieben hast.

▶ Sprachbuch: Seite 78
⬇ Lernsoftware: Nr. 39

Zeitformen unterscheiden: Präsens – Präteritum

Verben verwendet man im **Präsens,** wenn man etwas über die **Gegenwart** schreibt – wie es jetzt und heute ist:

Heute **benutzen** die Menschen zum Schreiben oft den Computer.

Das **Präteritum** verwendet man, wenn man über die **Vergangenheit** schreibt – wie es früher war:

Früher **benutzten** die Menschen zum Schreiben Feder und Tinte.

1 Setze die Verben in den passenden Zeitformen in die Texte ein:

| verschickt – verschickte | benutzen – benutzten | dauert – dauerte |
| verschreibt – verschrieb | ankommen – ankamen | lässt – ließ |

Schreiben früher

Früher ___benutzten___ die Menschen zum Schreiben Feder und Tinte.

Wenn man sich _____, musste man es durchstreichen.

Es _____ sich nämlich nicht mehr löschen.

Briefe _____ man früher mit der Postkutsche.

Es _____ oft Wochen, bis sie _____.

Schreiben heute

Heute _____ die Menschen zum Schreiben oft den Computer.

Wenn man sich _____, hat man es leicht:

Man tippt auf eine Taste – und es _____ sich löschen.

Nachrichten _____ man heute meistens per E-Mail.

Es _____ nur Sekunden, bis sie _____.

2 Suche dir einen der beiden Texte aus und schreibe ihn ab.

▶ Sprachbuch: Seite 80
⤓ Lernsoftware: Nr. 41

Zeitformen unterscheiden: Perfekt – Präteritum

Strategie: Die richtige Zeitform finden

Es gibt zwei Zeitformen für die **Vergangenheit:**

Das **Perfekt** gebrauchen wir, wenn wir etwas mündlich erzählen:
   Paula **hat** sich ihr Rad **geholt.**

Das **Präteritum** verwenden wir, wenn wir etwas Erlebtes schreiben:
   Paula **holte** sich ihr Rad.

1 Lies die beiden Texte. Unterstreiche die Verben.

Gestern <u>bin</u> ich mit dem Fahrrad zur Schule <u>gefahren</u>.
Plötzlich hat ein Hund gebellt.
Ich habe einen großen Schreck bekommen. Da habe ich den Hund auf der anderen Straßenseite gesehen. Er ist noch ganz klein gewesen.

Gestern <u>fuhr</u> ich mit dem Fahrrad zur Schule.
Plötzlich bellte ein Hund.
Ich bekam einen großen Schreck. Da sah ich den Hund auf der anderen Straßenseite. Er war noch ganz klein.

2 Zu welchem Text passen diese Sätze?

Der Hund saß auf dem Boden und wedelte freudig mit dem Schwanz.
Das sah süß aus, und ich hatte keine Angst mehr.

3 Schreibe den passenden Text mit den Sätzen aus Aufgabe 2 ab.

_____

_____

_____

_____

_____

_____

▶ Sprachbuch: Seite 81
⬇ Lernsoftware: Nr. 42

Sprache untersuchen

Die Verben in den Zeitformen üben

Die **Grundform** von Verben wird mit **-en** gebildet: gehen, laufen, ...
In **Sätzen** kommen die Verben aber immer in **Zeitformen** vor:
Ich **gehe** nach Hause. Ich bin nach Hause **gegangen**.

1 Schreibe die fehlenden Verbformen in die Zeilen. Sie reimen sich.

lügen, log, hat gelogen → fliegen, _flog_, _ist geflogen_

denken, dachte, hat gedacht → bringen, _____, _____

biegen, bog, hat gebogen → ziehen, _____, _____

fließen, floss, ist geflossen → gießen, _____, _____

gehen, ging, ist gegangen → fangen, _____, _____

2 Markiere die Verbformen, die zusammengehören, mit der gleichen Farbe.

ich schob	sie ritten	sie hat gefunden	ich bin gewesen
ich war	sie fand	sie sind geritten	ich habe geschoben

3 Ordne die Verben von Aufgabe 2 in die Tabelle ein.

Grundform	Präteritum	Perfekt
schieben	ich schob	ich habe geschoben

4 Ergänze die Grundform.

▶ Sprachbuch: Seite 82
⭳ Lernsoftware: Nr. 43

Sprache untersuchen

Satzschlusszeichen setzen

Am **Ende** eines Satzes steht ein **Satzschlusszeichen**:

Ein **Fragezeichen** steht, wenn der Satz als **Frage** gemeint ist:

  Kommst du heute**?**

Ein **Ausrufezeichen** steht, wenn er als **Aufforderung** oder **Ausruf** gemeint ist:

  Aber klar doch**!**

In allen anderen Sätzen steht am Ende ein **Punkt**:

  Ich freue mich schon darauf**.**

1 Setze hinter die Sätze einen Punkt, ein Fragezeichen oder Ausrufezeichen.

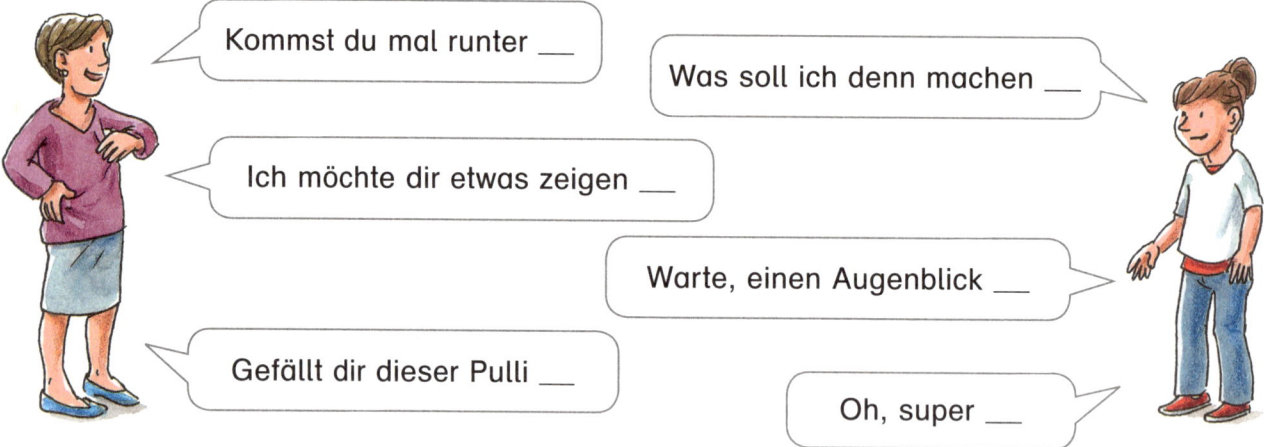

Kommst du mal runter ___

Was soll ich denn machen ___

Ich möchte dir etwas zeigen ___

Warte, einen Augenblick ___

Gefällt dir dieser Pulli ___

Oh, super ___

2 Schreibe in die Sprechblasen kurze Sätze mit Punkt, Fragezeichen und Ausrufezeichen.

3 Lies die Sätze betont vor. Beachte dabei die Satzschlusszeichen am Ende des Satzes.

▶ Sprachbuch: Seite 83
⤓ Lernsoftware: Nr. 44

Die Zeichen für wörtliche Rede setzen

Was jemand in einem Text **spricht**,
nennt man **wörtliche Rede**. Vor der wörtlichen Rede steht ein
Begleitsatz mit **Doppelpunkt:** Die Mutter sagt: ...
Dann folgt die wörtliche Rede. Sie steht in **Redezeichen**.
Punkt, **Fragezeichen** und **Ausrufezeichen** gehören zur wörtlichen Rede
dazu: Die Mutter sagt: „Kannst du mir helfen?"

1 Unterstreiche die Sätze, die jemand sagt. Setze dann die Redezeichen ein.

Völkerballspiel

Die Kinder spielen Völkerball.

Ines ruft: __Gib mir den Ball doch mal ab!__

Niklas sagt: __Ich kann besser treffen.__

Und Niklas trifft Tom tatsächlich.

2 Setze in diesen Sätzen die Doppelpunkte und Anführungszeichen ein.

Er schreit   Ich habe ihn getroffen!

Tom protestiert   Der Ball hat mich überhaupt nicht berührt!

Silke sagt   Ich habe es gesehen. Der Ball hat dich gestreift.

Frau Posern ist Schiedsrichterin.

Sie sagt   Tom, du musst raus. Niklas hat dich abgeworfen.

Tom meckert   Das ist ungerecht!

3 Schreibe auf, wie sich Tom und Niklas wieder vertragen.
Setze die Doppelpunkte und die Anführungszeichen.

_____ sagt _____

_____ antwortet _____

_____ meint _____

_____ ruft _____

Umstellproben durchführen

Strategie

> Teile eines Satzes, die man an den Satzanfang stellen kann,
> heißen **Satzglieder.**
> Satzglieder können aus einem **einzelnen Wort** oder aus
> **mehreren Wörtern** bestehen.
> Durch **Umstellproben** findest du heraus, aus wie vielen
> Satzgliedern ein Satz besteht.

1 Stelle dreimal ein anderes Satzglied an den Anfang. Es soll auch ein
Fragesatz dabei sein.

Ein Clown | läuft | plötzlich | in die Manege.

In die Manege _____

_____

_____

2 Stelle dreimal ein anderes Satzglied an den Satzanfang.
Es soll ein Fragesatz dabei sein.

Er trägt an den Füßen riesige Schuhe.

_____

_____

_____

3 Trenne jedes Satzglied mit einem Strich ab. Wie viele Satzglieder haben
die einzelnen Sätze?

Er stolpert plötzlich über seine Füße.
Er lacht laut.
Jetzt spritzen Wasserfontänen aus seinen Augen.

4 Schreibe die fünf Sätze aus den Aufgaben 1 bis 3
als Text in dein Heft. Stelle dabei die Satzglieder um.

▶ Sprachbuch: Seite 85
⬇ Lernsoftware: Nr. 46

Sprache untersuchen

Satzglieder umstellen – Texte verbessern

Strategie: Satzglieder umstellen

Wenn deine Sätze in einem Text **immer gleich** anfangen,
kannst du mit der Umstellprobe **ein anderes Satzglied**
an den **Satzanfang** stellen. Dann wird dein Text besser.

1 Verschiebe immer das unterstrichene Satzglied an den Anfang des Satzes.

Hoch hinaus

Ich bin einmal auf einen Baum geklettert.

_____

_____

Ich kletterte mutig fast bis in die Spitze hinauf.

_____

_____

Ich konnte von oben ganz weit sehen.

_____

_____

Mir wurde plötzlich ganz schwindelig.

_____

_____

Ich wollte schnell wieder hinunter.

_____

_____

▶ Sprachbuch: Seite 86
↓ Lernsoftware: Nr. 46

Sprache untersuchen

Sätze bilden aus Subjekt und Prädikat

Subjekt und Prädikat sind die wichtigsten Satzglieder.
Das **Subjekt** sagt aus, **wer** oder **was** etwas tut:
   Der Drachen fliegt. **Er** fliegt hoch.
Das **Prädikat** sagt aus, **was getan wird** oder **geschieht**.
Es besteht immer aus einem Verb:
   Die Katze **frisst**. Sie **putzt sich**.

1 Schreibe die Tiere mit passenden Tätigkeiten auf.

Subjekte: Wer etwas tut:		Prädikate: Was getan wird:		
das Pony	der Tiger	watschelt	jagt	putzt sich
die Katze	der Pinguin	kriecht	frisst	schwimmt
der Vogel	die Schildkröte	flattert	zischt	galoppiert
die Schlange	der Hai	wiehert	fängt	greift an

Das Pony frisst.

2 Bilde ähnliche Sätze mit Subjekt und Prädikat.
Unterstreiche Subjekte blau und Prädikate rot.

▶ Sprachbuch: Seite 87
⬇ Lernsoftware: Nr. 47

Subjekt und Prädikat im Satz erkennen

1 Diese Sätze bestehen nur aus Subjekten und aus Prädikaten.
Unterstreiche die Subjekte blau und die Prädikate rot.

Moritz liest.

Es läutet.

Moritz steht auf.

Er öffnet.

Sein Freund Pablo ist gekommen.

Die beiden freuen sich.

2 Diese Sätze haben nicht nur ein Subjekt und ein Prädikat, sondern noch andere Satzglieder.
Suche die Subjekte und Prädikate und unterstreiche sie blau und rot.

Dann gehen sie auf den Spielplatz.

Dort spielen die beiden miteinander.

Dann streiten sie.

Moritz rennt in den Park.

Pablo bleibt auf dem Spielplatz.

Doch nach einiger Zeit kommt Moritz zurück.

3 Ergänze die Sätze von Aufgabe 1. So wird der Text interessanter.

Moritz liest ein witziges Buch.

_____

_____

_____

_____

▶ Sprachbuch: Seite 88
⬇ Lernsoftware: Nr. 48, 49

Was kann ich nun?

Werkstatt: Sprechen und Zuhören

1 Lies die drei Aufgaben a, b und c. Entscheide, welche du bearbeiten möchtest.

Einen Vortrag vorbereiten, durchführen und Feedback geben

a. Kreuze die Satzanfänge an, die bei einem Feedback Mut machen.

☐ Ich habe einen Tipp für dich: ... ☐ Mir hat gefallen, dass du ...

☐ Ich habe gelernt, dass ... ☐ Es war doof, dass du immer ...

b. Trage die Ziffern an der richtigen Stelle ein:

1 Das macht man vor einem Vortrag.
2 Das macht man zu Beginn des Vortrages.
3 Das macht man während des Vortrages.
4 Das macht man am Ende eines Vortrages.

◯ Ein Plakat gut sichtbar aufhängen.

◯ Die Zuhörer anschauen.

◯ Fragen der Zuhörer beantworten.

◯ Laut, deutlich und frei sprechen.

◯ Stichwortzettel schreiben und sortieren.

◯ Gegenstände und Bilder zum Thema sammeln.

◯ Ein Plakat mit dem Thema und den wichtigsten Stichwörtern gestalten.

c. Dein Freund Leo will einen Vortrag halten. Schreibe ihm einige Tipps auf.

Woran sollte er unbedingt denken?

_____

Was sollte er auf keinen Fall tun?

_____

2 Überlege und kreuze an:

Die Aufgabe war ☐ zu leicht ☐ zu schwer ☐ genau richtig

▶ Sprachbuch: Seite 20, 21, 25

Werkstatt: Texte verfassen

1 Lies jeweils die drei Aufgaben a, b und c.
Entscheide, welche du bearbeiten möchtest.

Texte spannender machen

a. Schreibe drei Spannungswörter auf.

_____

b. Schreibe diese zwei Sätze spannender.

Ich ging die Treppe runter.

_____

Im Keller hörte ich ein Geräusch.

_____

c. Schreibe eine spannende 5-Sätze-Geschichte in dein Heft.

Märchen

a. Schreibe einen Märchenanfang.

_____

b. Schreibe zwei Märchenenden.

_____

_____

c. Schreibe ein Märchen mit dem roten Faden in dein Heft.

2 Überlege und kreuze an:

Die Aufgabe war ☐ zu leicht ☐ zu schwer ☐ genau richtig

▶ Sprachbuch: Seite 32, 41, 45–47

Was kann ich nun?

Werkstatt: Richtig schreiben

1 **t** oder **tt**? Setze die fehlenden Buchstaben ein.

Bre____er   blu____en   Pfo____e   Ma____e   re____en   tre____en

2 Schreibe weitere Wörter aus der Wortfamilie auf.

wackeln, _____

3 In jedem Satz hat sich ein Fehler versteckt.
Markiere zuerst die falsch geschriebenen Wörter.
Schreibe die Sätze dann richtig auf.

Das Mäuschen schleft. _____

Ida sinkt ein Lied. _____

4 Schreibe Merkwörter auf mit:

aa/ee/oo: _____

v/V: _____

ai: _____

5 Schreibe die zusammengesetzten Nomen mit Artikel auf.

+ Ring _____   Laub + _____

6 Markiere die vier (sieben) Wörter, die großgeschrieben werden müssen.
Schreibe den Text dann richtig auf.

paul will heute ein müsli essen.
er hat sich die zutaten schon bereitgestellt.
schnell sind die saftigen erdbeeren kleingeschnitten. lecker!

_____

_____

_____

▶ Sprachbuch: Seite 67–69

Werkstatt: Sprache untersuchen

1 Schreibe die Sätze auf. Achte auf Groß- und Kleinschreibung.

IN UNSEREM GARTEN LEBT EIN MAULWURF.

_____

SEINE HÜGEL ÄRGERN MEINEN OPA SEHR.

_____

2 Schreibe die Grundformen dieser Verben auf.

aß: _____   gerochen: _____

3 Diese Sätze stehen in der Zeitform Perfekt.
Schreibe sie in der Zeitform Präteritum auf.

Ich habe im Garten gespielt.

_____

Ich bin auf den Baum geklettert.

_____

4 Ziehe nach jedem Satzglied einen Strich.

Manche Kinder mögen keine Spinnen.

Dafür lieben sie Marienkäfer ganz besonders.

5 Unterstreiche in jedem Satz das Subjekt blau und das Prädikat rot.

Die Biene fliegt auf der Wiese von Blüte zu Blüte.

Dabei sammelt sie Nektar und Pollen.

6 Ergänze alle Satzzeichen.

Gestern hat Lena mich gefragt   Was fressen eigentlich Marienkäfer

Ich habe ihr geantwortet   Am liebsten fressen sie Blattläuse

▶ Sprachbuch: Seite 89–91

Arbeitsplan

In diesem Plan kannst du aufschreiben, was du schon geübt hast und was du als Nächstes im Arbeitsheft machen willst.

Seite	Aufgabe	Wie?	Wann?	Erledigt	Kontrolliert
6	1	mit …	…	☺	✔
				○	
				○	
				○	
				○	
				○	
				○	
				○	
				○	
				○	
				○	
				○	
				○	
				○	
				○	
				○	
				○	
				○	

Seite	Aufgabe	Wie?	Wann?	Erledigt	Kontrolliert
				○	
				○	
				○	
				○	
				○	
				○	
				○	
				○	
				○	
				○	
				○	
				○	
				○	
				○	
				○	
				○	
				○	
				○	
				○	
Seite	Aufgabe	Wie?	Wann?	Erledigt	Kontrolliert

Seite	Aufgabe	Wie?	Wann?	Erledigt	Kontrolliert
				○	
				○	
				○	
				○	
				○	
				○	
				○	
				○	
				○	
				○	
				○	
				○	
				○	
				○	
				○	
				○	
				○	
				○	
				○	
Seite	Aufgabe	Wie?	Wann?	Erledigt	Kontrolliert

Pusteblume

Das Arbeitsheft 3

Lösungen

So kannst du dir dein eigenes Lösungsheft herstellen:

- die Seiten 75 bis 88 heraustrennen
- mit einem Heftstreifen zusammenheften
- einen guten Platz zum Aufbewahren suchen

– fertig!

Achtung!
Bei vielen Aufgaben gibt es mehrere richtige Lösungen.
Bei solchen Aufgaben schreibst du eigene Wörter oder Sätze.
Oder du wählst die Wörter aus, die dir am besten gefallen.
Deshalb gibt es auch nicht zu jeder Arbeitsheftseite
eine Lösungsseite.

Panel 1 (top left)

Geheimschrift

A	B	C	D	E	F	G
1	2	3	4	5	6	7

H	I	J	K	L	M	N
8	9	10	11	12	13	14

O	P	Q	R	S	T	U
15	16	17	18	19	20	21

V	W	X	Y	Z
22	23	24	25	26

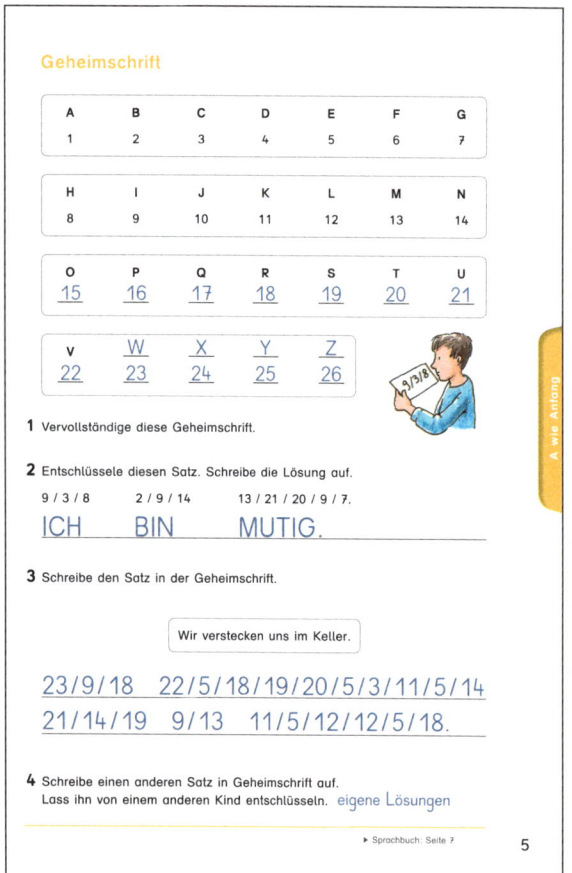

1 Vervollständige diese Geheimschrift.

2 Entschlüssele diesen Satz. Schreibe die Lösung auf.

9 / 3 / 8   2 / 9 / 14   13 / 21 / 20 / 9 / 7.

ICH   BIN   MUTIG.

3 Schreibe den Satz in der Geheimschrift.

Wir verstecken uns im Keller.

23/9/18   22/5/18/19/20/5/3/11/5/14
21/14/19   9/13   11/5/12/12/5/18.

4 Schreibe einen anderen Satz in Geheimschrift auf.
Lass ihn von einem anderen Kind entschlüsseln. eigene Lösungen

▸ Sprachbuch: Seite 7   5

Panel 2 (top right)

Wörter bilden

A	O	U	E
S	B	R	T	N

Brot, raus

1 Bilde mit diesen Buchstaben Wörter mit

drei Buchstaben	vier Buchstaben	vielen Buchstaben
Abt	aber	Arten
Art	Auto	Autos
Ast	Bart	Borsten
aus	Brut	Boten
Bar	Nase	Braten
Bau	Nest	Braut
Bus	Note	Narbe
neu	oben	Oberst
Not	Ober	Osten
nur	Orte	Ostern
Ort	Rast	Rasen
Ost	Rost	rasten
Rat	Rute	rauben
rot	Stab	Raute
Sau	Stau	Rosen

Es gibt noch weitere Lösungen.

6   ▸ Sprachbuch: Seite 8

Panel 3 (bottom left)

Schüttelnomen

1 Lest die Schüttelnomen und sprecht darüber.

Mausheister	Somatentoße	Wegenrolke	Tosenhasche
Breckstief	Staubelle	Büsselschlund	Schnachendrur

2 Markiere die vertauschten Buchstaben.

Da sind Buchstaben vertauscht.

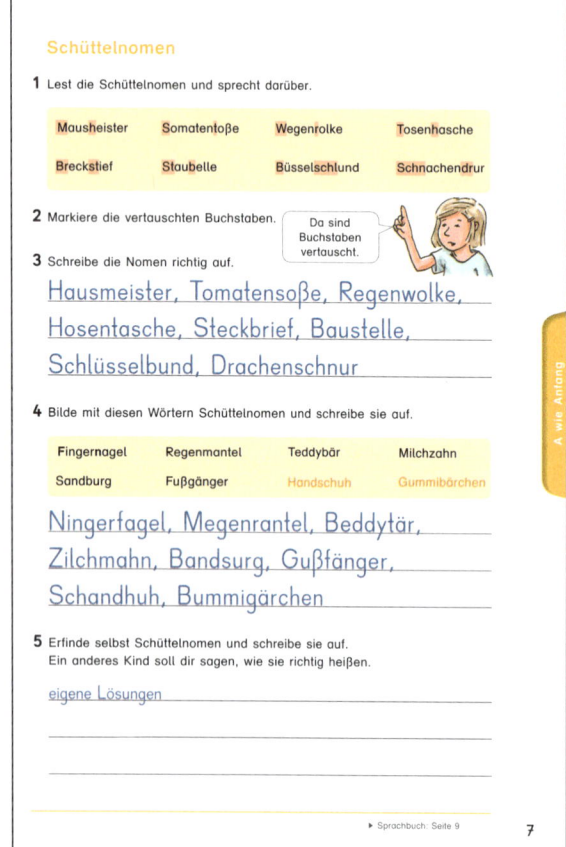

3 Schreibe die Nomen richtig auf.

Hausmeister, Tomatensoße, Regenwolke,
Hosentasche, Steckbrief, Baustelle,
Schlüsselbund, Drachenschnur

4 Bilde mit diesen Wörtern Schüttelnomen und schreibe sie auf.

Fingernagel	Regenmantel	Teddybär	Milchzahn
Sandburg	Fußgänger	Handschuh	Gummibärchen

Ningerfagel, Megenrantel, Beddytär,
Zilchmahn, Bandsurg, Gußfänger,
Schandhuh, Bummigärchen

5 Erfinde selbst Schüttelnomen und schreibe sie auf.
Ein anderes Kind soll dir sagen, wie sie richtig heißen.

eigene Lösungen

▸ Sprachbuch: Seite 9   7

Panel 4 (bottom right)

Werkstatt: Lernen

Wörter nach dem Alphabet ordnen

Strategie

Manchmal beginnen mehrere Wörter mit dem gleichen Buchstaben.
Dann musst du nach dem zweiten, dritten oder vierten Buchstaben ordnen:
Fenster   Fett   Feuer

1 Schreibe die Wörter nach dem Alphabet geordnet auf.

Erst holen oder erst hinken?

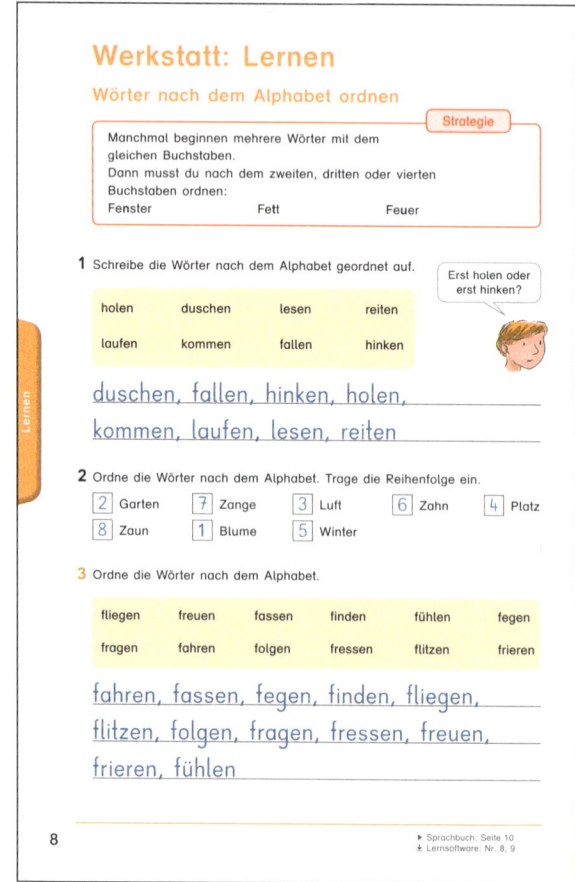

holen	duschen	lesen	reiten
laufen	kommen	fallen	hinken

duschen, fallen, hinken, holen,
kommen, laufen, lesen, reiten

2 Ordne die Wörter nach dem Alphabet. Trage die Reihenfolge ein.

[2] Garten	[7] Zange	[3] Luft	[6] Zahn	[4] Platz
[8] Zaun	[1] Blume	[5] Winter		

3 Ordne die Wörter nach dem Alphabet.

fliegen	freuen	fassen	finden	fühlen	fegen
fragen	fahren	folgen	fressen	flitzen	frieren

fahren, fassen, fegen, finden, fliegen,
flitzen, folgen, fragen, fressen, freuen,
frieren, fühlen

8   ▸ Sprachbuch: Seite 10
    ‡ Lernsoftware: Nr. 8, 9

Im Internet nach Informationen suchen

1 Lies dir durch, was die Kinder sagen.

4 Dort gibst du dein Thema ein.

2 Dann startest du eine Kinder-Suchmaschine.

5 Jetzt werden dir viele Informationen zu deinem Thema angezeigt.

3 Kinder-Suchmaschinen sind zum Beispiel www.fragfinn.de, www.blindekuh.de und www.helles-köpfchen.de

1 Zuerst überlegst du dir ein Thema.

2 Trage in die Kästchen die richtige Reihenfolge ein.

3 Was für Informationen kannst du für dein Thema bekommen?
Schreibe sie auf. *eigene Lösungen*

Fotos, Bilder,

4 Schreibe auf, was du mit diesen Informationen machst.

eigene Lösungen

▸ Sprachbuch: Seite 12 – 14

9

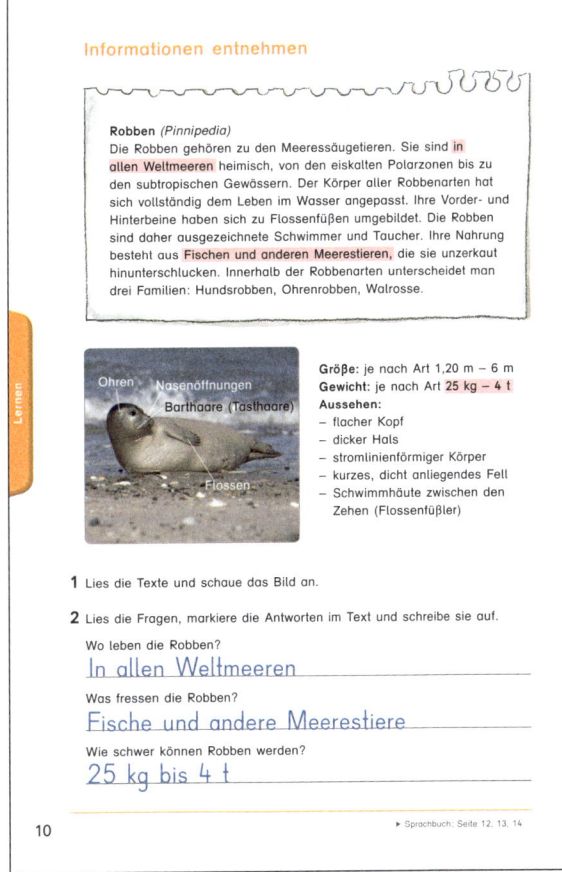

Informationen entnehmen

Robben *(Pinnipedia)*
Die Robben gehören zu den Meeressäugetieren. Sie sind in allen Weltmeeren heimisch, von den eiskalten Polarzonen bis zu den subtropischen Gewässern. Der Körper aller Robbenarten hat sich vollständig dem Leben im Wasser angepasst. Ihre Vorder- und Hinterbeine haben sich zu Flossenfüßen umgebildet. Die Robben sind daher ausgezeichnete Schwimmer und Taucher. Ihre Nahrung besteht aus Fischen und anderen Meerestieren, die sie unzerkaut hinunterschlucken. Innerhalb der Robbenarten unterscheidet man drei Familien: Hundsrobben, Ohrenrobben, Walrosse.

Ohren · Nasenöffnungen · Barthaare (Tasthaare) · Flossen

Größe: je nach Art 1,20 m – 6 m
Gewicht: je nach Art 25 kg – 4 t
Aussehen:
– flacher Kopf
– dicker Hals
– stromlinienförmiger Körper
– kurzes, dicht anliegendes Fell
– Schwimmhäute zwischen den Zehen (Flossenfüßler)

1 Lies die Texte und schaue das Bild an.

2 Lies die Fragen, markiere die Antworten im Text und schreibe sie auf.

Wo leben die Robben?

In allen Weltmeeren

Was fressen die Robben?

Fische und andere Meerestiere

Wie schwer können Robben werden?

25 kg bis 4 t

▸ Sprachbuch: Seite 12, 13, 14

10

Werkstatt: Sprechen und Zuhören

Bei Gesprächen gut zuhören 1

1 Woran hast du schon einmal gemerkt, dass dir jemand nicht gut zugehört hat? Schreibe es auf.

eigene Lösungen

2 Lies den Tippkasten.

Tipp

Gutes Zuhören
• das sprechende Kind anschauen
• aufmerksam sein
• sich dem Kind zuwenden
• nachfragen
• ausreden lassen

3 Bei dieser Gruppenarbeit zeigen drei Kinder, dass sie gut zuhören. Male diese Kinder an und schreibe auf, was sie tun.

Hast du das so gemeint, dass ...?

Serhat · Marie · Leo · Lena · Merle · Maksim

Ich habe eine Idee, lasse aber Lena erst ausreden.

eigene Lösungen

12

▸ Sprachbuch: Seite 16, 17

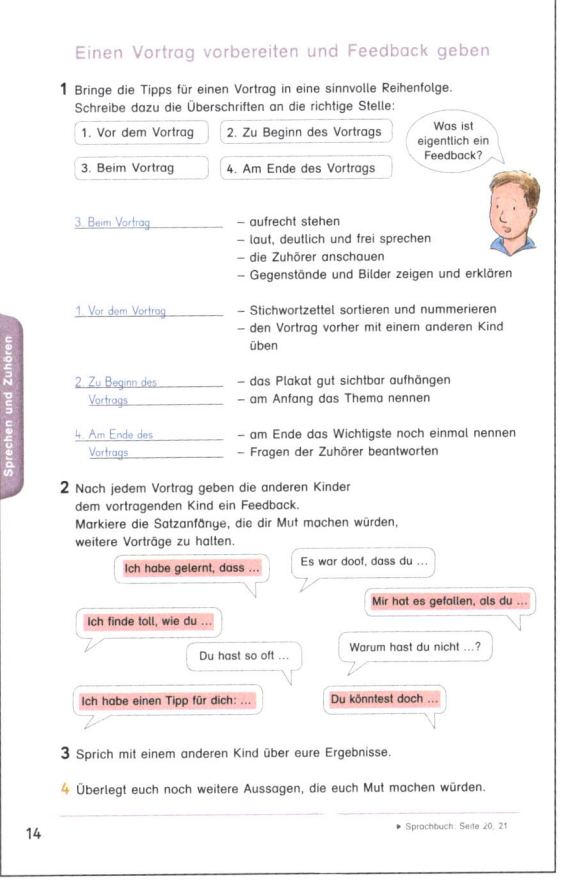

Einen Vortrag vorbereiten und Feedback geben

1 Bringe die Tipps für einen Vortrag in eine sinnvolle Reihenfolge. Schreibe dazu die Überschriften an die richtige Stelle:

1. Vor dem Vortrag 2. Zu Beginn des Vortrags
3. Beim Vortrag 4. Am Ende des Vortrags

Was ist eigentlich ein Feedback?

3. Beim Vortrag
– aufrecht stehen
– laut, deutlich und frei sprechen
– die Zuhörer anschauen
– Gegenstände und Bilder zeigen und erklären

1. Vor dem Vortrag
– Stichwortzettel sortieren und nummerieren
– den Vortrag vorher mit einem anderen Kind üben

2. Zu Beginn des Vortrags
– das Plakat gut sichtbar aufhängen
– am Anfang das Thema nennen

4. Am Ende des Vortrags
– am Ende das Wichtigste noch einmal nennen
– Fragen der Zuhörer beantworten

2 Nach jedem Vortrag geben die anderen Kinder dem vortragenden Kind ein Feedback. Markiere die Satzanfänge, die dir Mut machen würden, weitere Vorträge zu halten.

Ich habe gelernt, dass …

Es war doof, dass du …

Ich finde toll, wie du …

Mir hat es gefallen, als du …

Du hast so oft …

Warum hast du nicht …?

Ich habe einen Tipp für dich: …

Du könntest doch …

3 Sprich mit einem anderen Kind über eure Ergebnisse.

4 Überlegt euch noch weitere Aussagen, die euch Mut machen würden.

14

▸ Sprachbuch: Seite 20, 21

Geschichten entwickeln: Anfang – Mittelteil – Ende

1 Besprecht, aus welchen Teilen jede Geschichte besteht.

Der **Anfang** verführt zum Weiterlesen und enthält wichtige Informationen.	Im **Mittelteil** passiert etwas • Ungewöhnliches • Besonderes • Spannendes • Problematisches	Am **Ende** wird kurz erzählt, wie die Geschichte ausgeht.

2 Lies die Geschichte und markiere im Text die wichtigen Informationen des Anfangs.

1 Im **Kaufhaus** war die Hölle los. Mitten im dichtesten Gewimmel von
2 Menschen stöberte **Samirs Mutter** nach einer neuen Winterjacke.
3 Wie langweilig, dachte **Samir**.
4 Er setzte sich auf einen Stuhl in der Nähe und wartete. Schließlich wurde
5 er ungeduldig, stand auf und sah sich um. Menschen überall. Nur seine
6 Mutter, die war plötzlich nirgends mehr zu sehen. Panik kroch in ihm hoch.
7 Wo war sie? Suchend stolperte er zwischen den Umkleidekabinen herum.
8 Da beugte sich plötzlich eine Verkäuferin zu ihm: „Kann ich dir irgendwie
9 helfen?"
10 In diesem Moment ertönte eine Durchsage: „Der achtjährige Samir wird
11 von seiner Mutter gesucht. Er wird im Erdgeschoss bei den Zeitschriften
12 erwartet."

3 Die Geschichte hat noch keine Überschrift. Lies die Überschriften und entscheide. eigene Lösungen

Im Kaufhaus	☐ zu allgemein		☐ verrät zu viel
	☐ macht neugierig		
Die große Aufregung	☐ zu allgemein		☐ verrät zu viel
	☐ macht neugierig		

Meine Idee für eine Überschrift:

_____

_____

22   ▸ Sprachbuch: Seite 29
    ⯈ Lernsoftware: Nr. 1

Überarbeiten mit Textlupen 1

1 Lies den Text.

Ein Ausflug   *Beispiellösung*

Die Lehrerin ruft die Kinder zusammen. Sie wollen einen

kleinen Ausflug machen. Alle Kinder __rennen__ (gehen)

schnell zur Lehrerin. Einige Kinder __hüpfen__ (gehen) vor Freude in

die Luft. Sie gehen los.

Martina __flitzt__ (gehen) nach vorn zu ihren Freundinnen.

Da knickt sie an der Bordsteinkante mit dem Fuß um.

Alle Kinder __laufen__ (gehen) zu Martina. Zwei Kinder stützen Martina.

Sie kann nur noch __humpeln__ (gehen).

Sie bringen sie in die Schule zurück.

Die Lehrerin geht mit Martina ins Sekretariat. Als sie wiederkommen,

__rasen__ (gehen) alle Kinder auf sie zu.

„Martina muss zum Arzt. Und wir __gehen__ (gehen) jetzt ganz

vorsichtig wie die Schnecken auf den Spielplatz."

2 Schreibe die passenden Verben in die Zeilen. Diese Wörter aus dem Wortfeld **gehen** helfen dir.

stolpern	hüpfen	hasten	trippeln	tänzeln
spurten	schlendern	schlurfen	laufen	spazieren
humpeln	rasen	rennen	flitzen	bummeln

3 Markiere die Stellen, die dir gut gefallen. eigene Lösung

Vermeide langweilige Wortwiederholungen.

Diese Stelle gefällt mir besonders gut.

24   ▸ Sprachbuch: Seite 31
    ⯈ Lernsoftware: Nr. 2, 3

Überarbeiten mit Textlupen 2

Hier stimmt etwas nicht.

Diese Stelle gefällt mir besonders gut.

1 Lies den Text.

Schneeballschlacht
Gestern fuhr ich mit meiner Freundin Hülya Schlitten.
Wir suchten uns einen guten Platz zum Runterfahren aus.
Dann setzten wir uns auf den Schlitten,
ich hinten zum Lenken und Hülya vorn.
Wir rasten wie der Blitz runter.
Hülya flüsterte ziemlich laut.
Plötzlich konnte ich nicht mehr lenken.
Beinahe kippten wir mit dem Schlitten.
Da sah ich, dass Hülya mutig
mit ihren Beinen lenkte.
Zum Glück kamen wir gut unten an.
Dann fielen wir uns glücklich vor Erleichterung in die Arme.

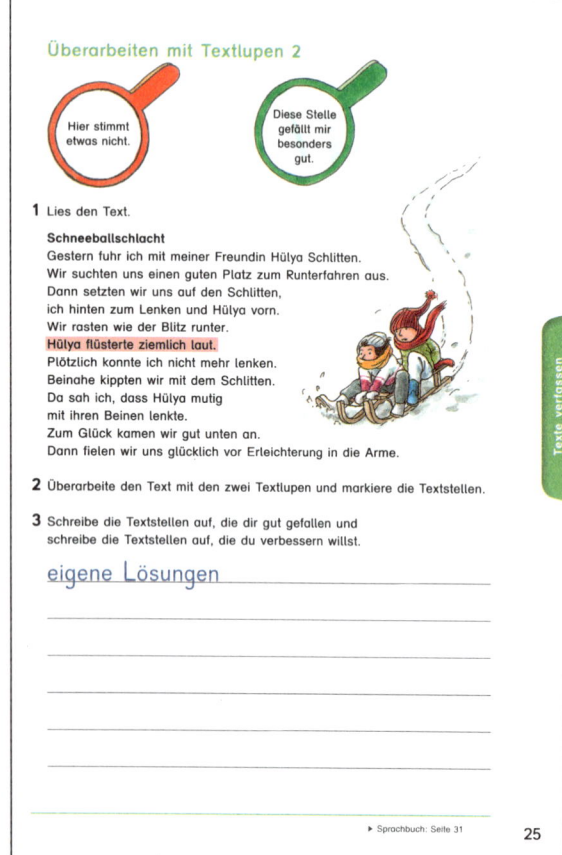

2 Überarbeite den Text mit den zwei Textlupen und markiere die Textstellen.

3 Schreibe die Textstellen auf, die dir gut gefallen und schreibe die Textstellen auf, die du verbessern willst.

eigene Lösungen

_____

_____

_____

_____

_____

_____

▸ Sprachbuch: Seite 31   25

Ein Haiku schreiben

Das Haiku ist eine japanische Gedichtform.
Es erzählt vom Menschen und wie er die Natur sieht.
Jedes Haiku hat drei Zeilen, in denen die Anzahl der Silben
festgelegt ist.

1 Finde heraus, wie viele Silben jede Zeile hat.

Wolkengebirge	Zeile 1: _5_	Silben
Die Sonne blinzelt hervor	Zeile 2: _7_	Silben
Der Himmel zerreißt	Zeile 3: _5_	Silben

2 Schreibe die Anzahl der Silben in die Kreise.

Die Luft schmeckt nach Herbst ⑤	Vogelschwärme am Himmel ⑦
Novembersonntag ⑤	Drachen treiben im Himmel ⑦
Farbenfeuerwerk im Laub ⑦	Rauch steigt von den Hausdächern ⑦
Der Winter klopft an ⑤	Der Wind heult und pfeift ⑤

3 Schreibe ein Herbst-Haiku. eigene Lösung
Du kannst auch Zeilen von Aufgabe 2 nehmen.

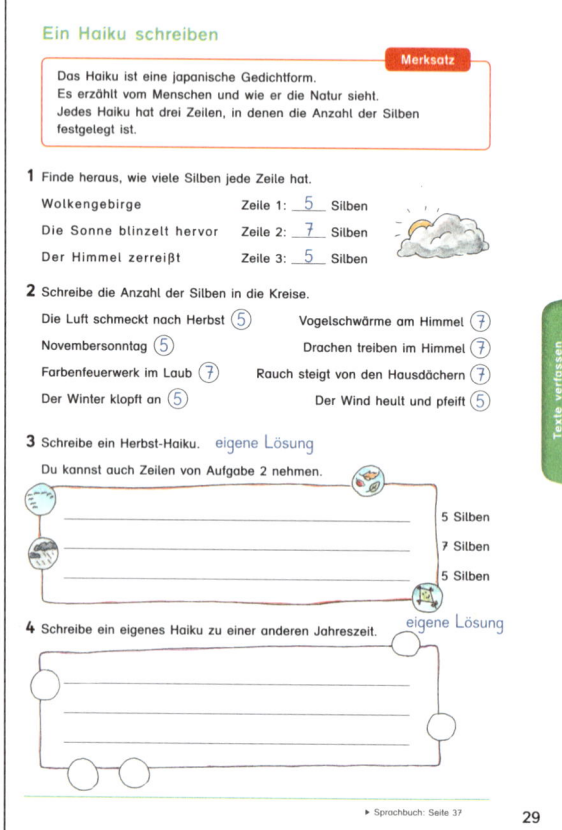

5 Silben
7 Silben
5 Silben

4 Schreibe ein eigenes Haiku zu einer anderen Jahreszeit. eigene Lösung

▸ Sprachbuch: Seite 37   29

Einen Brief schreiben

1 Die Kinder der Klasse 3a wünschen sich für ihren Schulhof — *eigene Lösung* — ein neues Spielgerät. Kreuze an, wofür sie sich entschieden haben:

☐ eine Tischtennisplatte ☐ eine Kletterwand ☐ _____

Darum schreiben sie dem Bürgermeister einen Brief und bitten um Unterstützung.

2 Kreuze an, welche Wörter du für diesen Brief passend findest.

Anrede: ☐ Liebe(r) ... ☐ Hallo ... ☐ Guten Tag ...
☒ Sehr geehrte(r) ... ☐ Hey ...

Grußformel: ☐ Herzliche Grüße ☐ Tschüss ☐ Viele Grüße
☒ Mit freundlichen Grüßen

Anredepronomen: ☐ du, dich, dein, deine ☒ Sie, Ihnen, Ihr, Ihre

3 Schreibe nun den Brief fertig. *eigene Lösung*

> ← Datum
> ← Anrede
> _wir, die Klasse 3a der Grundschule Dilsberg,_
> _haben eine Bitte._
> Für unseren Schulhof ...
> In der großen Pause ...
> ← Grußformel
> ← Unterschrift

Texte verfassen

▶ Sprachbuch: Seite 42 33

Einen Vorgang beschreiben

Popcorn herstellen

1 Schaut euch die Bilder gemeinsam an. Sprecht darüber.

2 Schreibe auf, wie Popcorn hergestellt wird. Ihr könnt zu zweit arbeiten.

Popcorn *Beispiellösung*

Zuerst in einen hohen Topf drei Esslöffel Öl schütten.	danach
Dann den Topf bei mittlerer Hitze auf den Herd stel-	Deckel
len und fünf Esslöffel Mais hineingeben. Danach den	Mais
Deckel auflegen und warten, bis das Geräusch der	Zucker
platzenden Maiskörner zu hören ist. Wenn kein „Plopp"	Salz
mehr zu hören ist, den Topf vom Herd nehmen und	Öl
den Deckel abheben. Zum Schluss das Popkorn in eine	Herd
Schüssel geben und Zucker oder Salz dazugeben.	mittlere Hitze

3 Vergleicht eure Rezepte.

Texte verfassen

34 ▶ Sprachbuch: Seite 43
⚞ Lernsoftware: Nr. 6

Werkstatt: Richtig schreiben

Wörter einer Wortfamilie schreiben

Strategie: Ableiten

> Wörter einer Wortfamilie haben denselben Wortstamm:
> _wohnen, Wohnung, bewohnt_
> Wenn du den Wortstamm kennst, kannst du meist auch
> die anderen Wörter der Wortfamilie richtig schreiben.

1 Immer drei (vier) Wörter gehören zu einer Wortfamilie. Markiere gleiche Wortstämme mit derselben Farbe.

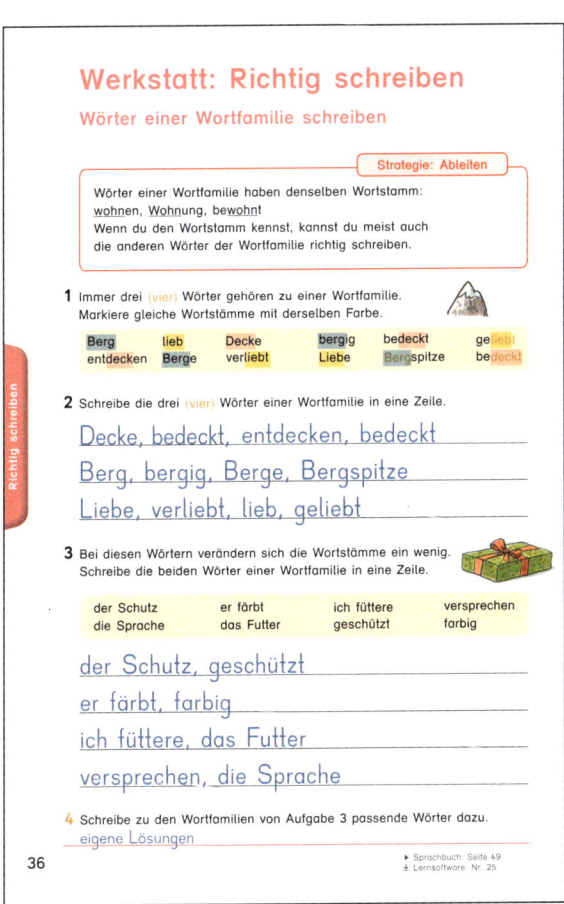

Berg | lieb | Decke | bergig | bedeckt | geliebt
entdecken | Berge | verliebt | Liebe | Bergspitze | bedeckt

2 Schreibe die drei (vier) Wörter einer Wortfamilie in eine Zeile.

Decke, bedeckt, entdecken, bedeckt
Berg, bergig, Berge, Bergspitze
Liebe, verliebt, lieb, geliebt

3 Bei diesen Wörtern verändern sich die Wortstämme ein wenig. Schreibe die beiden Wörter einer Wortfamilie in eine Zeile.

| der Schutz | er färbt | ich füttere | versprechen |
| die Sprache | das Futter | geschützt | farbig |

der Schutz, geschützt
er färbt, farbig
ich füttere, das Futter
versprechen, die Sprache

4 Schreibe zu den Wortfamilien von Aufgabe 3 passende Wörter dazu.
eigene Lösungen

Richtig schreiben

36 ▶ Sprachbuch: Seite 49
⚞ Lernsoftware: Nr. 25

Lange und kurze Selbstlaute unterscheiden

1 Sprecht euch die Wörter gegenseitig vor.
Überlegt gemeinsam: Klingt der Anlaut lang oder kurz?

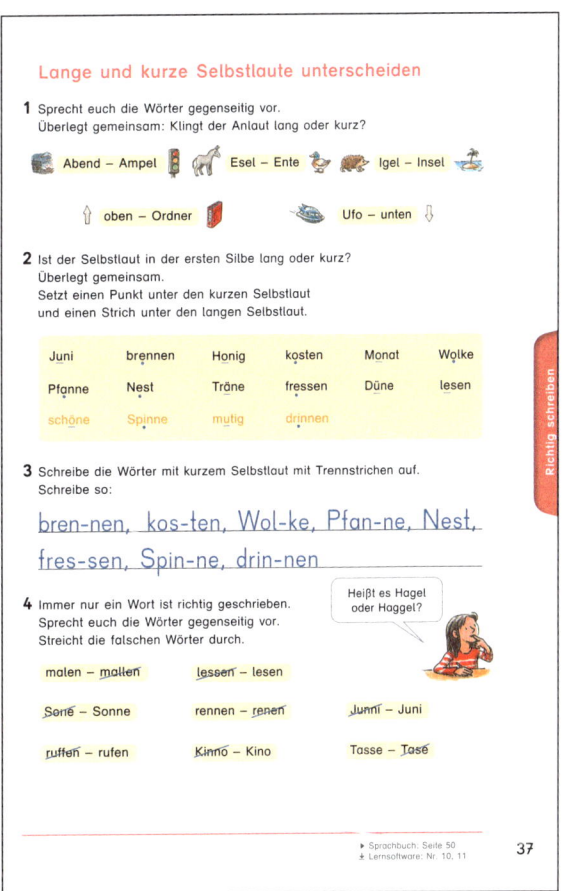

Abend – Ampel · Esel – Ente · Igel – Insel

oben – Ordner · Ufo – unten

2 Ist der Selbstlaut in der ersten Silbe lang oder kurz?
Überlegt gemeinsam.
Setzt einen Punkt unter den kurzen Selbstlaut
und einen Strich unter den langen Selbstlaut.

Juni	brennen	Honig	kosten	Monat	Wolke
Pfanne	Nest	Träne	fressen	Düne	lesen
schöne	Spinne	mutig	drinnen		

3 Schreibe die Wörter mit kurzem Selbstlaut mit Trennstrichen auf.
Schreibe so:

bren-nen, kos-ten, Wol-ke, Pfan-ne, Nest,
fres-sen, Spin-ne, drin-nen

> Heißt es Hagel oder Haggel?

4 Immer nur ein Wort ist richtig geschrieben. Sprecht euch die Wörter gegenseitig vor. Streicht die falschen Wörter durch.

malen – mallen   lessen – lesen
Sonne – Sonne   rennen – renen   Junni – Juni
ruffen – rufen   Kinno – Kino   Tasse – Tase

Richtig schreiben

▶ Sprachbuch: Seite 50
⚞ Lernsoftware: Nr. 10, 11 37

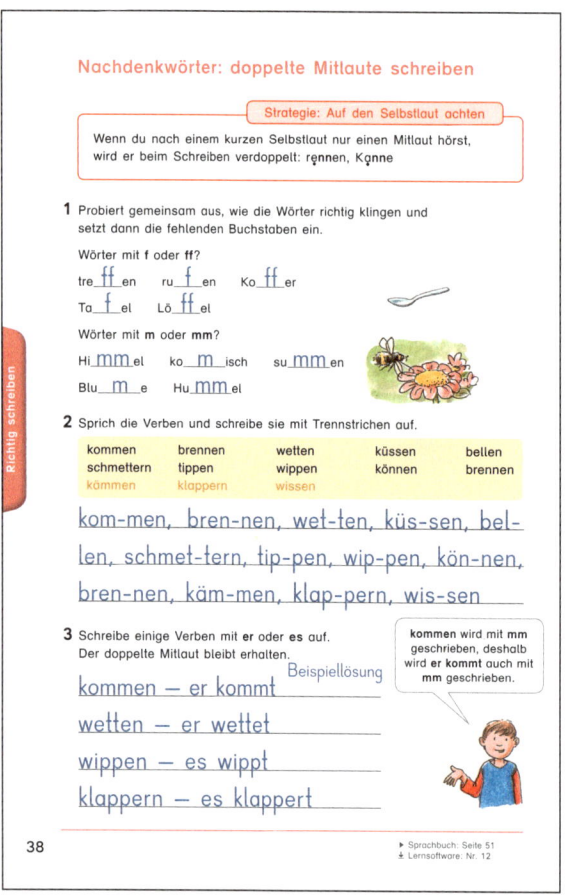

Nachdenkwörter: doppelte Mitlaute schreiben

Strategie: Auf den Selbstlaut achten

Wenn du nach einem kurzen Selbstlaut nur einen Mitlaut hörst, wird er beim Schreiben verdoppelt: rennen, Kanne

1 Probiert gemeinsam aus, wie die Wörter richtig klingen und setzt dann die fehlenden Buchstaben ein.

Wörter mit f oder ff?

tre**ff**en   ru**f**en   Ko**ff**er
Ta**f**el   Lö**ff**el

Wörter mit m oder mm?

Hi**mm**el   ko**m**isch   su**mm**en
Blu**m**e   Hu**mm**el

2 Sprich die Verben und schreibe sie mit Trennstrichen auf.

kommen	brennen	wetten	küssen	bellen
schmettern	tippen	wippen	können	brennen
kämmen	klappern	wissen		

kom-men, bren-nen, wet-ten, küs-sen, bel-
len, schmet-tern, tip-pen, wip-pen, kön-nen,
bren-nen, käm-men, klap-pern, wis-sen

3 Schreibe einige Verben mit er oder es auf.
Der doppelte Mitlaut bleibt erhalten.

> kommen wird mit mm geschrieben, deshalb wird er kommt auch mit mm geschrieben.

Beispiellösung

kommen — er kommt

wetten — er wettet

wippen — es wippt

klappern — es klappert

38

➤ Sprachbuch: Seite 51
✦ Lernsoftware: Nr. 12

Richtig schreiben

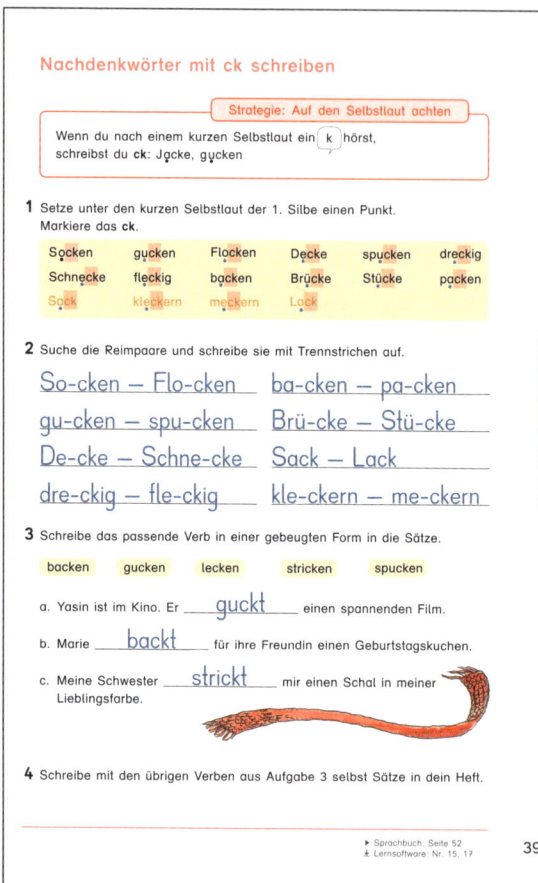

Nachdenkwörter mit ck schreiben

Strategie: Auf den Selbstlaut achten

Wenn du nach einem kurzen Selbstlaut ein k hörst, schreibst du ck: Jacke, gucken

1 Setze unter den kurzen Selbstlaut der 1. Silbe einen Punkt. Markiere das ck.

Socken	gucken	Flocken	Decke	spucken	dreckig
Schnecke	fleckig	backen	Brücke	Stücke	packen
Sack	kleckern	meckern	Lack		

2 Suche die Reimpaare und schreibe sie mit Trennstrichen auf.

So-cken — Flo-cken   ba-cken — pa-cken

gu-cken — spu-cken   Brü-cke — Stü-cke

De-cke — Schne-cke   Sack — Lack

dre-ckig — fle-ckig   kle-ckern — me-ckern

3 Schreibe das passende Verb in einer gebeugten Form in die Sätze.

| backen | gucken | lecken | stricken | spucken |

a. Yasin ist im Kino. Er __guckt__ einen spannenden Film.

b. Marie __backt__ für ihre Freundin einen Geburtstagskuchen.

c. Meine Schwester __strickt__ mir einen Schal in meiner Lieblingsfarbe.

4 Schreibe mit den übrigen Verben aus Aufgabe 3 selbst Sätze in dein Heft.

39

➤ Sprachbuch: Seite 52
✦ Lernsoftware: Nr. 15, 17

Richtig schreiben

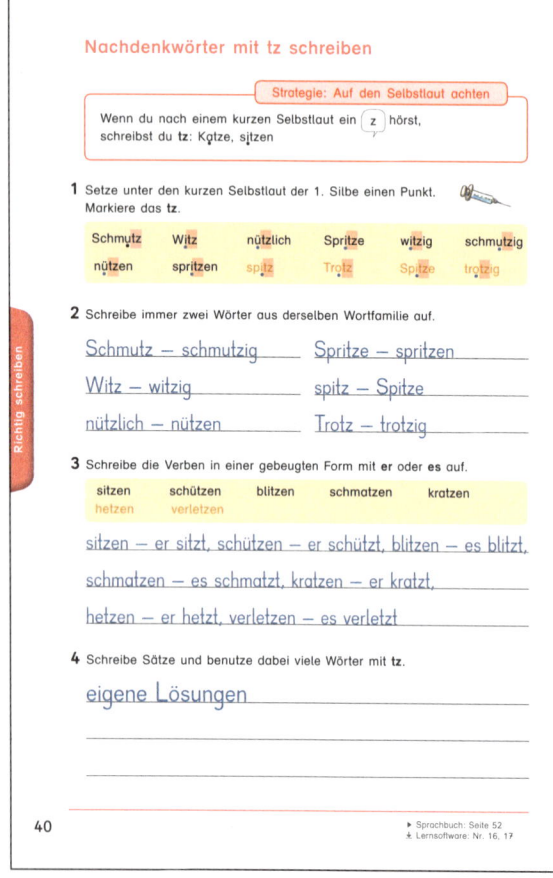

Nachdenkwörter mit tz schreiben

Strategie: Auf den Selbstlaut achten

Wenn du nach einem kurzen Selbstlaut ein z hörst, schreibst du tz: Katze, sitzen

1 Setze unter den kurzen Selbstlaut der 1. Silbe einen Punkt. Markiere das tz.

| Schmutz | Witz | nützlich | Spritze | witzig | schmutzig |
| nützen | spritzen | spitz | Trotz | Spitze | trotzig |

2 Schreibe immer zwei Wörter aus derselben Wortfamilie auf.

Schmutz — schmutzig   Spritze — spritzen

Witz — witzig   spitz — Spitze

nützlich — nützen   Trotz — trotzig

3 Schreibe die Verben in einer gebeugten Form mit er oder es auf.

| sitzen | schützen | blitzen | schmatzen | kratzen |
| hetzen | verletzen | | | |

sitzen — er sitzt, schützen — er schützt, blitzen — es blitzt,

schmatzen — es schmatzt, kratzen — er kratzt,

hetzen — er hetzt, verletzen — es verletzt

4 Schreibe Sätze und benutze dabei viele Wörter mit tz.

eigene Lösungen

40

➤ Sprachbuch: Seite 52
✦ Lernsoftware: Nr. 16, 17

Richtig schreiben

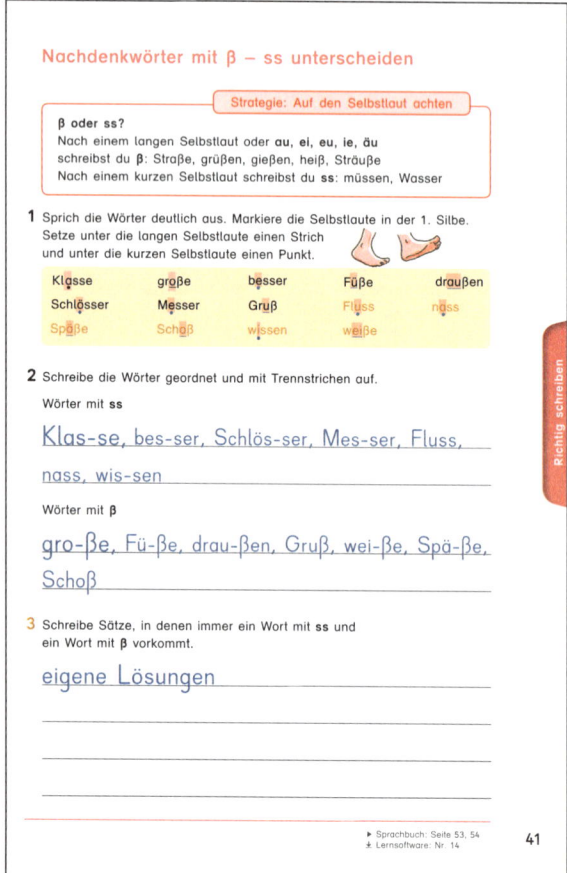

Nachdenkwörter mit ß — ss unterscheiden

Strategie: Auf den Selbstlaut achten

ß oder ss?
Nach einem langen Selbstlaut oder au, ei, eu, ie, äu schreibst du ß: Straße, grüßen, gießen, heiß, Sträuße
Nach einem kurzen Selbstlaut schreibst du ss: müssen, Wasser

1 Sprich die Wörter deutlich aus. Markiere die Selbstlaute in der 1. Silbe. Setze unter die langen Selbstlaute einen Strich und unter die kurzen Selbstlaute einen Punkt.

Klasse	große	besser	Füße	draußen
Schlösser	Messer	Gruß	Fluss	nass
Späße	Schoß	wissen	weiße	

2 Schreibe die Wörter geordnet und mit Trennstrichen auf.

Wörter mit ss

Klas-se, bes-ser, Schlös-ser, Mes-ser, Fluss,

nass, wis-sen

Wörter mit ß

gro-ße, Fü-ße, drau-ßen, Gruß, wei-ße, Spä-ße,

Schoß

3 Schreibe Sätze, in denen immer ein Wort mit ss und ein Wort mit ß vorkommt.

eigene Lösungen

41

➤ Sprachbuch: Seite 53, 54
✦ Lernsoftware: Nr. 14

Richtig schreiben

Nachdenkwörter mit b, d, g verlängern

> **Strategie: Verlängern**
>
> Wenn du ein Wort verlängerst, hörst du, wie es am Ende
> geschrieben wird: lieb – liebe, rund – runde, Zwerg – Zwerge

1 Schreibe die Wörter auf und verlängere sie.
Markiere die Buchstaben **b, d, g**.

Dieb	Kind	Pferd	Wand	Berg	Bild
Hund	Bad	Sieb	Zwerg		

Dieb – Diebe, Kind – Kinder, Pferd – Pferde, Wand – Wände,

Berg – Berge, Bild – Bilder, Hund – Hunde, Bad – Bäder,

Sieb – Siebe, Zwerg – Zwerge

2 Setze die Nomen aus dem Kasten ein. Markiere den letzten Buchstaben.

Ein ___Dieb___ schleicht um das Haus herum.

Im Haus hängt ein wertvolles ___Bild___

Der ___Hund___ bellt laut.

Der ___Zwerg___ trägt eine Zipfelmütze.

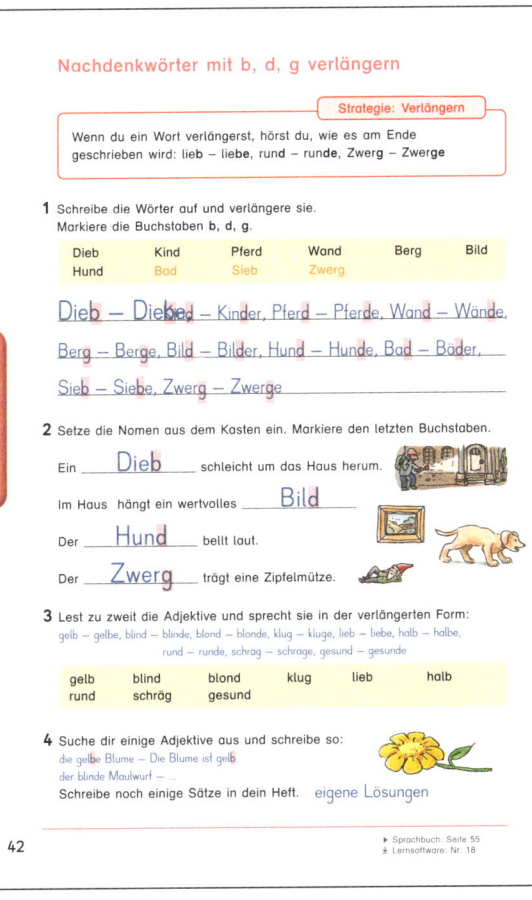

3 Lest zu zweit die Adjektive und sprecht sie in der verlängerten Form:
gelb – gelbe, blind – blinde, blond – blonde, klug – kluge, lieb – liebe, halb – halbe,
rund – runde, schräg – schräge, gesund – gesunde

gelb	blind	blond	klug	lieb	halb
rund	schräg	gesund			

4 Suche dir einige Adjektive aus und schreibe so:
die gelbe Blume – Die Blume ist gelb
der blinde Maulwurf – ...
Schreibe noch einige Sätze in dein Heft. **eigene Lösungen**

Nachdenkwörter: Verben verlängern

> **Strategie: Verlängern**
>
> Manchmal hören sich **b** und **g** in Verben wie **p** und **k** an:
> er gibt, sie trägt
> Wenn du die Verben verlängerst, kannst du das **b** und **g**
> wieder deutlich hören: geben, tragen

1 Markiere in den Verben die Buchstaben **b** und **g**.

fliegen	kleben	schreiben	fragen	lieben	liegen
leben	loben	tragen	schieben	schlagen	heben

2 Schreibe einige Verben in der gebeugten Form mit **du**, **er** oder **es** auf.

er fliegt, es klebt, du schreibst, er fragt, es liebt, du liegst,

es lebt, er lobt, du trägst, er schiebt, es schlägt, du hebst

3 **b** oder **p**? **g** oder **k**?
Lies die Verben. Verlängere sie und entscheide dann, was fehlt.

es stin**k**t, er sa**g**t, er trin**k**t, sie blei**b**t, es hu**p**t, es hän**g**t

es stinkt – stinken   sie bleibt – bleiben

er sagt – sagen   es hupt – hupen

er trinkt – trinken   es hängt – hängen

4 Setze in die Sätze die passenden Verben von dieser Seite ein.

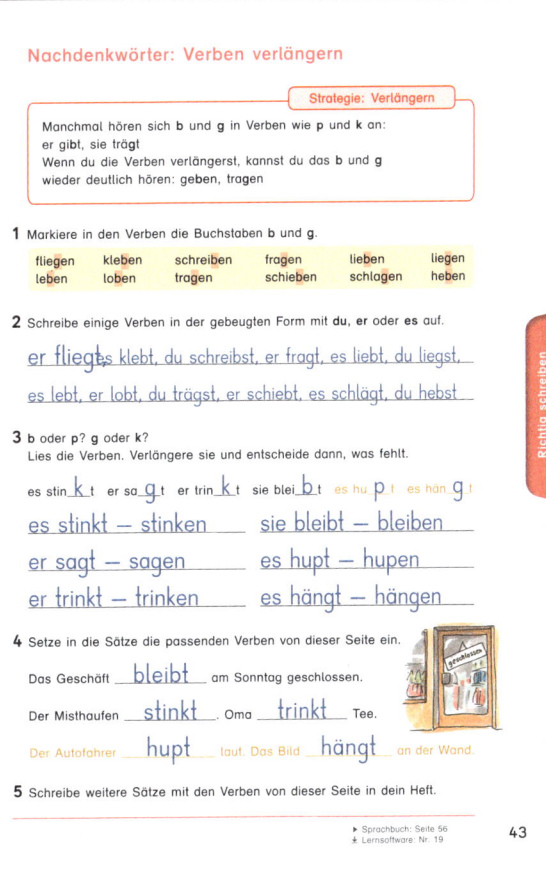

Das Geschäft ___bleibt___ am Sonntag geschlossen.

Der Misthaufen ___stinkt___. Oma ___trinkt___ Tee.

Der Autofahrer ___hupt___ laut. Das Bild ___hängt___ an der Wand.

5 Schreibe weitere Sätze mit den Verben von dieser Seite in dein Heft.

Nachdenkwörter mit ä und äu ableiten

> **Strategie: Ableiten**
>
> **ä** oder **e**? **äu** oder **eu**?
> Wenn du verwandte Wörter mit **a** oder **au** finden kannst,
> schreibst du fast immer **ä** oder **äu**: fangen – er fängt, laufen – er läuft

1 Schreibe die Bildwörter mit Artikel in der Einzahl und der Mehrzahl auf.

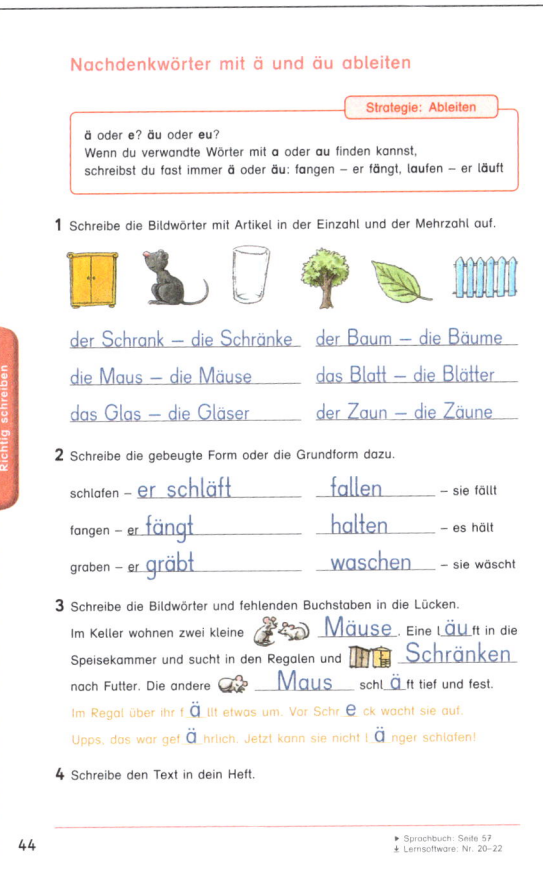

der Schrank – die Schränke   der Baum – die Bäume

die Maus – die Mäuse   das Blatt – die Blätter

das Glas – die Gläser   der Zaun – die Zäune

2 Schreibe die gebeugte Form oder die Grundform dazu.

schlafen – er schläft   fallen – sie fällt

fangen – er fängt   halten – es hält

graben – er gräbt   waschen – sie wäscht

3 Schreibe die Bildwörter und fehlenden Buchstaben in die Lücken.
Im Keller wohnen zwei kleine Mäuse. Eine l**äu**ft in die
Speisekammer und sucht in den Regalen und Schränken
nach Futter. Die andere Maus schl**ä**ft tief und fest.
Im Regal über ihr f**ä**llt etwas um. Vor Schr**e**ck wacht sie auf.
Upps, das war get**ä**hrlich. Jetzt kann sie nicht l**ä**nger schlafen!

4 Schreibe den Text in dein Heft.

Merkwörter mit Dehnungs-h üben

> **Merksatz**
>
> Manchmal ist der lange Selbstlaut mit einem Dehnungs-h
> gekennzeichnet.
> Dieses **h** bleibt in allen Wörtern einer Wortfamilie erhalten:
> zählen, gezählt, Zahl

1 Schreibe in jede Zeile eine Wortfamilie auf.

wählen	bohren	fahren	kühlen	Bohrer	
kühl	Wahl	fährt	Fahrer	Kühlschrank	
gewählt	bohrt	gekühlt	Wahlkabine	Bohrmaschine	Gefahr

wählen, Wahl, gewählt, Wahlkabine

bohren, Bohrer, bohrt, Bohrmaschine

fahren, fährt, Fahrer, Gefahr

kühlen, kühl, Kühlschrank, gekühlt

2 Schreibe die Wörter geordnet auf.

zählen	sehr	zehn	fehlen	fühlen	Jahr
Rahmen	ohne	Uhr	wohnen	zahm	nehmen
ihm	ehrlich	Zahn	Stuhl		

hl: zählen, fehlen, fühlen, Stuhl

hm: Rahmen, zahm, nehmen, ihm

hn: zehn, ohne, wohnen, Zahn

hr: sehr, Jahr, Uhr, ehrlich

3 Schreibe zu Wörtern von Aufgabe 2 Wörter aus den Wortfamilien auf.
eigene Lösungen

Merkwörter üben

Strategie: Merken

Bei Merkwörtern helfen Mitsprechen oder Strategien nicht weiter.
Du musst sie dir merken.

1 Einige Wörter haben dieselbe schwierige Stelle.
Überlegt gemeinsam und kreist sie in derselben Farbe ein.

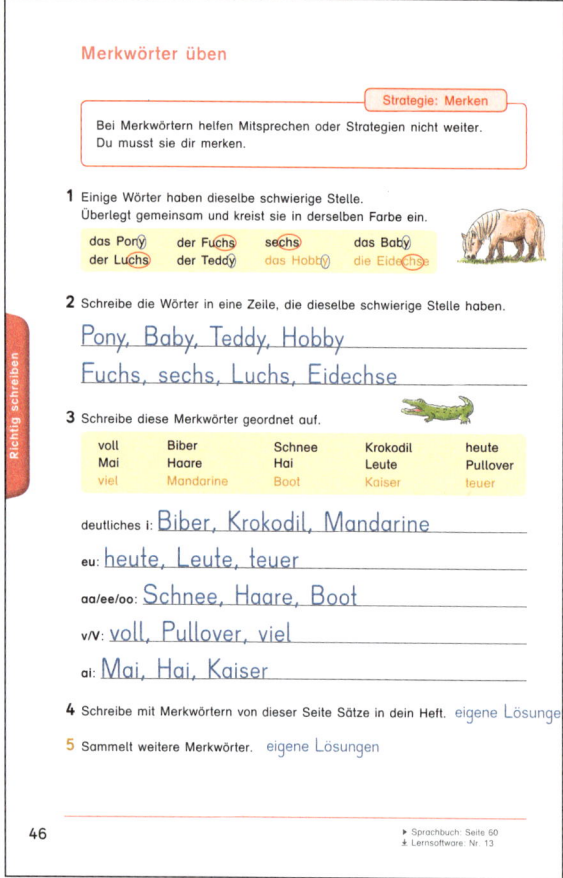

| das Pon(y) | der Fu(chs) | se(chs) | das Bab(y) |
| der Lu(chs) | der Tedd(y) | das Hobb(y) | die Eide(chse) |

2 Schreibe die Wörter in eine Zeile, die dieselbe schwierige Stelle haben.

Pony, Baby, Teddy, Hobby

Fuchs, sechs, Luchs, Eidechse

3 Schreibe diese Merkwörter geordnet auf.

voll	Biber	Schnee	Krokodil	heute
Mai	Haare	Hai	Leute	Pullover
viel	Mandarine	Boot	Kaiser	teuer

deutliches i: Biber, Krokodil, Mandarine

eu: heute, Leute, teuer

aa/ee/oo: Schnee, Haare, Boot

v/V: voll, Pullover, viel

ai: Mai, Hai, Kaiser

4 Schreibe mit Merkwörtern von dieser Seite Sätze in dein Heft. eigene Lösungen

5 Sammelt weitere Merkwörter. eigene Lösungen

Nachdenkwörter mit h schreiben

Strategie: In Silben sprechen

Ein **h** zwischen zwei Selbstlauten kannst du hören,
wenn du das Wort in Silben sprichst: dre-hen

1 Sprecht euch die Wörter gegenseitig in Silben vor.

| drehen | nähen | mähen | sehen | krähen | gehen |
| wehen | spähen | | | | |

2 Schreibe diejenigen Wörter, die sich reimen, in eine Zeile.

drehen, sehen, gehen, wehen

nähen, mähen, krähen, spähen

Strategie: Ableiten

Mit oder ohne **h**?
Wenn du das Wort verlängerst und in Silben sprichst,
kannst du das **h** hörbar machen: er dreht – dre-hen

3 Schreibe neben die Verben die gebeugte Form mit **er** oder **es**.
Das **h** aus der Grundform bleibt erhalten.

er steht	– stehen	es geht	– gehen
es zieht	– ziehen	es blüht	– blühen
er dreht	– drehen	er näht	– nähen
es droht	– drohen	er flieht	– fliehen

4 Schreibe die Bildwörter auf. Sprich vorher die Mehrzahlform.

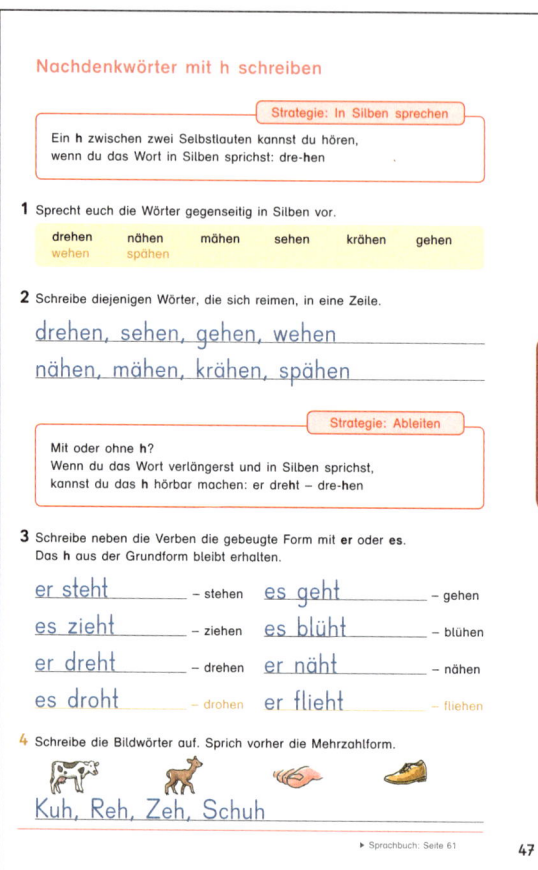

Kuh, Reh, Zeh, Schuh

Wortbausteine -ig und -lich: Adjektive schreiben

Strategie: Mitsprechen

-ig oder **-lich**?
Viele Adjektive enden auf **-ig** oder **-lich**: witzig, schrecklich
Wenn du hinten ein l hörst, wird das Wort meist mit **-lich** geschrieben.

1 Bilde Adjektive mit dem Wortbaustein **-ig**.
Schreibe auch eine verlängerte Form dazu.

der Witz	witzig	witzige
die Neugier	neugierig	neugierige
das Gift	giftig	giftige
der Mut	mutig	mutige
die Ecke	eckig	eckige

2 Bilde Adjektive mit dem Wortbaustein **-lich**.
Schreibe auch eine verlängerte Form dazu.

der Schreck	schrecklich	schreckliche
das Glück	glücklich	glückliche
der Freund	freundlich	freundliche
der Sport	sportlich	sportliche
die Gefahr	gefährlich	gefährliche

3 Schreibe einige Adjektive mit einem passenden Nomen in dein Heft:
der windige Tag, ... eigene Lösungen

4 Sammelt weitere Wörter mit den Wortbausteinen **-ig** und **-lich**.
eigene Lösungen

Nachdenkwörter:
Zusammentreffen gleicher Buchstaben beachten

Strategie: Zerlegen

Wenn du ein zusammengesetztes Wort zerlegst,
erkennst du, ob zwei gleiche Buchstaben aufeinandertreffen.
Du musst dann auch beide Buchstaben schreiben:
aus + sehen – aussehen

1 Immer zwei gleiche Buchstaben sollen aufeinandertreffen.
Schreibe die zusammengesetzten Wörter auf.
Markiere die zwei gleichen Buchstaben.

| Bilder | viel | Stuhl | Obst | Lehne | Torte |
| leicht | Rahmen | Vieh | Tannen | Nadel | Herde |

Bilderrahmen, vielleicht, Stuhllehne,

Obsttorte, Viehherde, Tannennadel

2 Schreibe mit den Wörtern von Aufgabe 1 Sätze auf.
eigene Lösungen

3 Setze die Verben so mit den Vorsilben zusammen,
dass zwei gleiche Buchstaben aufeinandertreffen.

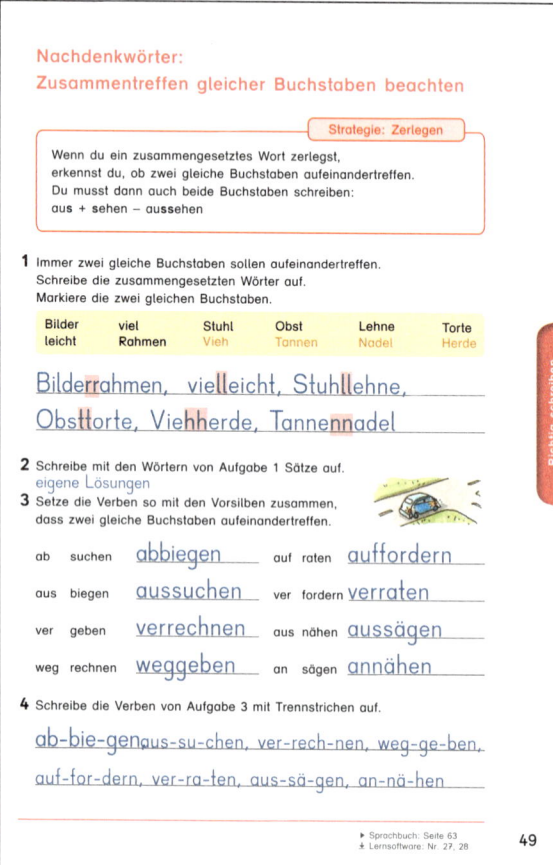

ab	suchen	abbiegen	auf	raten	auffordern
aus	biegen	aussuchen	ver	fordern	verraten
ver	geben	verrechnen	aus	nähen	aussägen
weg	rechnen	weggeben	an	sägen	annähen

4 Schreibe die Verben von Aufgabe 3 mit Trennstrichen auf.

ab-bie-gen, aus-su-chen, ver-rech-nen, weg-ge-ben,

auf-for-dern, ver-ra-ten, aus-sä-gen, an-nä-hen

Richtig schreiben

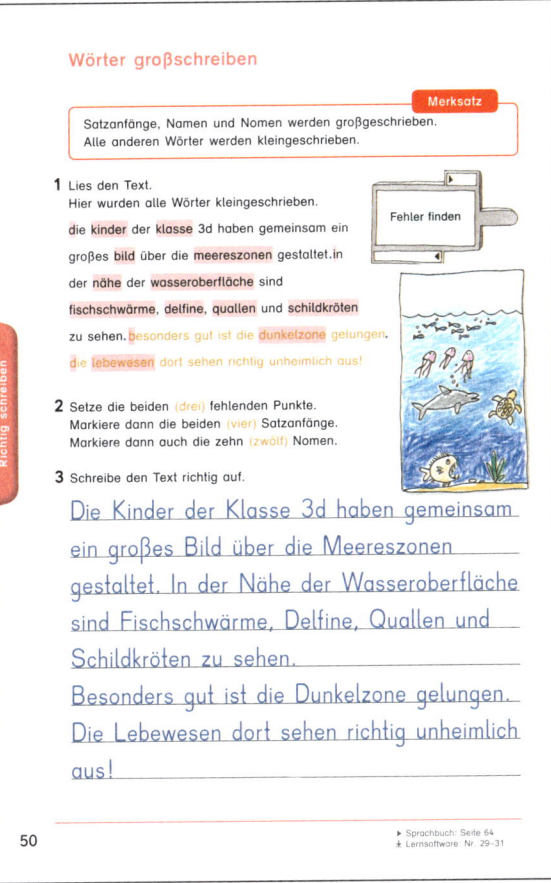

Wörter großschreiben

Merksatz

Satzanfänge, Namen und Nomen werden großgeschrieben.
Alle anderen Wörter werden kleingeschrieben.

1 Lies den Text.
Hier wurden alle Wörter kleingeschrieben.

die kinder der klasse 3d haben gemeinsam ein großes bild über die meereszonen gestaltet.in der nähe der wasseroberfläche sind fischschwärme, delfine, quallen und schildkröten zu sehen.besonders gut ist die dunkelzone gelungen. die lebewesen dort sehen richtig unheimlich aus!

Fehler finden

2 Setze die beiden (drei) fehlenden Punkte.
Markiere dann die beiden (vier) Satzanfänge.
Markiere dann auch die zehn (zwölf) Nomen.

3 Schreibe den Text richtig auf.

Die Kinder der Klasse 3d haben gemeinsam
ein großes Bild über die Meereszonen
gestaltet. In der Nähe der Wasseroberfläche
sind Fischschwärme, Delfine, Quallen und
Schildkröten zu sehen.
Besonders gut ist die Dunkelzone gelungen.
Die Lebewesen dort sehen richtig unheimlich
aus!

Richtig schreiben

▸ Sprachbuch: Seite 64
✶ Lernsoftware: Nr. 29–31

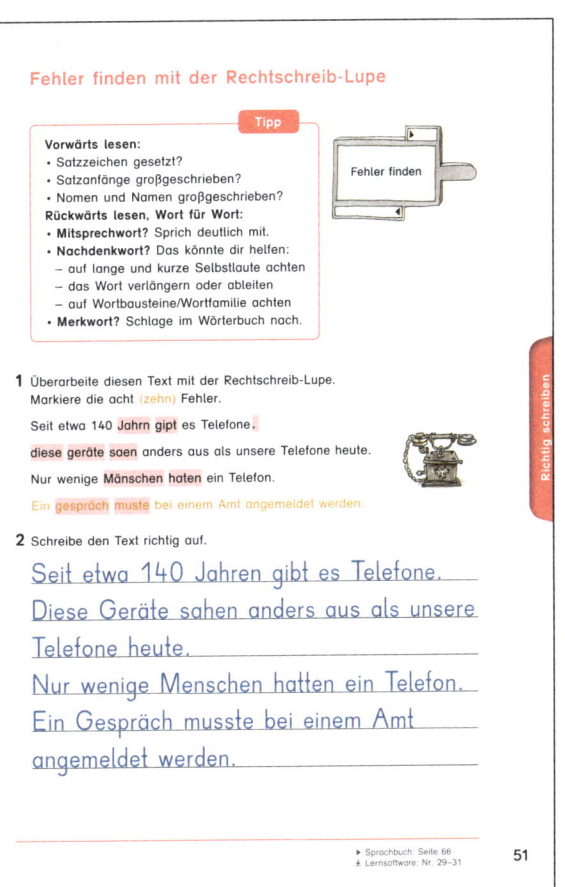

Fehler finden mit der Rechtschreib-Lupe

Tipp

Vorwärts lesen:
• Satzzeichen gesetzt?
• Satzanfänge großgeschrieben?
• Nomen und Namen großgeschrieben?
Rückwärts lesen, Wort für Wort:
• Mitsprechwort? Sprich deutlich mit.
• Nachdenkwort? Das könnte dir helfen:
 – auf lange und kurze Selbstlaute achten
 – das Wort verlängern oder ableiten
 – auf Wortbausteine/Wortfamilie achten
• Merkwort? Schlage im Wörterbuch nach.

Fehler finden

1 Überarbeite diesen Text mit der Rechtschreib-Lupe.
Markiere die acht (zehn) Fehler.

Seit etwa 140 Jahrn gipt es Telefone.
diese geräte saen anders aus als unsere Telefone heute.
Nur wenige Mänschen haten ein Telefon.
Ein gespräch muste bei einem Amt angemeldet werden.

2 Schreibe den Text richtig auf.

Seit etwa 140 Jahren gibt es Telefone.
Diese Geräte sahen anders aus als unsere
Telefone heute.
Nur wenige Menschen hatten ein Telefon.
Ein Gespräch musste bei einem Amt
angemeldet werden.

Richtig schreiben

▸ Sprachbuch: Seite 66
✶ Lernsoftware: Nr. 29–31

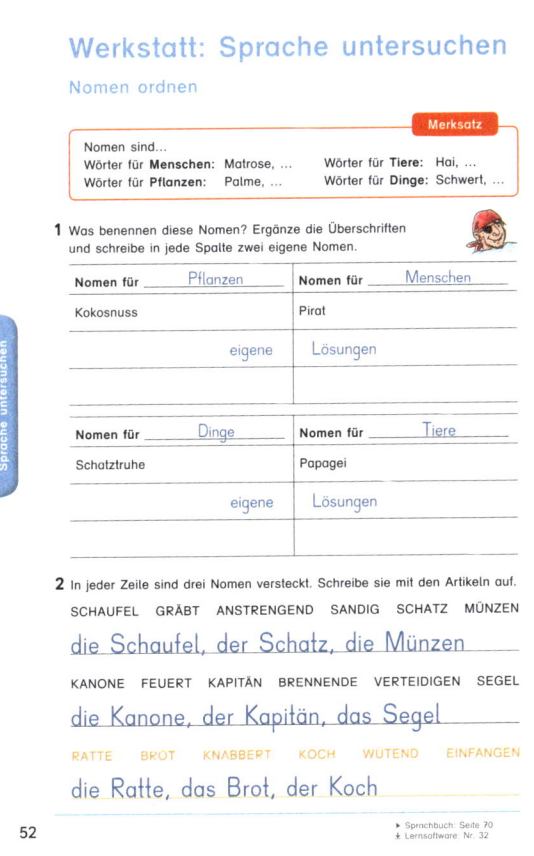

Werkstatt: Sprache untersuchen

Nomen ordnen

Merksatz

Nomen sind...
Wörter für **Menschen**: Matrose, ... Wörter für **Tiere**: Hai, ...
Wörter für **Pflanzen**: Palme, ... Wörter für **Dinge**: Schwert, ...

1 Was benennen diese Nomen? Ergänze die Überschriften
und schreibe in jede Spalte zwei eigene Nomen.

Nomen für Pflanzen	Nomen für Menschen
Kokosnuss	Pirat
eigene	Lösungen

Nomen für Dinge	Nomen für Tiere
Schatztruhe	Papagei
eigene	Lösungen

2 In jeder Zeile sind drei Nomen versteckt. Schreibe sie mit den Artikeln auf.
SCHAUFEL GRÄBT ANSTRENGEND SANDIG SCHATZ MÜNZEN

die Schaufel, der Schatz, die Münzen

KANONE FEUERT KAPITÄN BRENNENDE VERTEIDIGEN SEGEL

die Kanone, der Kapitän, das Segel

RATTE BROT KNABBERT KOCH WÜTEND EINFANGEN

die Ratte, das Brot, der Koch

Sprache untersuchen

▸ Sprachbuch: Seite 70
✶ Lernsoftware: Nr. 32

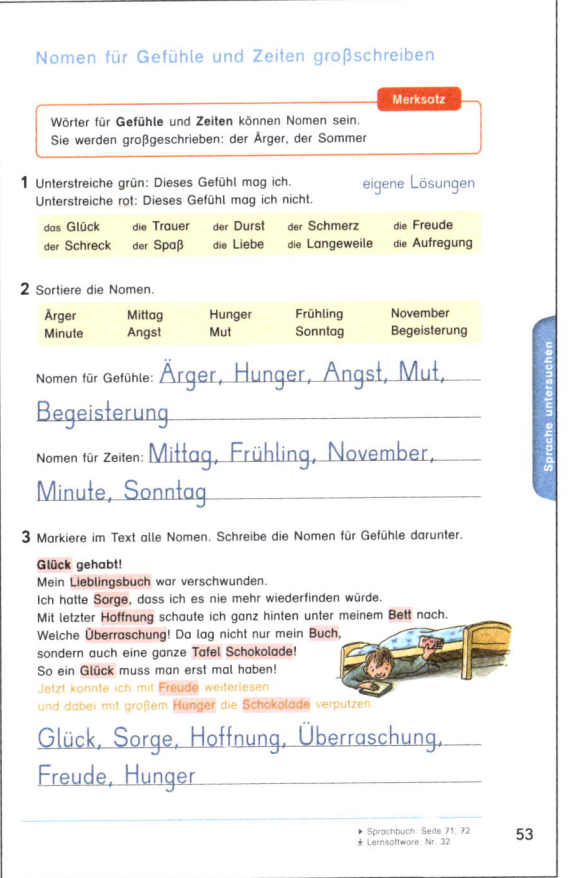

Nomen für Gefühle und Zeiten großschreiben

Merksatz

Wörter für **Gefühle** und **Zeiten** können Nomen sein.
Sie werden großgeschrieben: der Ärger, der Sommer

1 Unterstreiche grün: Dieses Gefühl mag ich.   eigene Lösungen
Unterstreiche rot: Dieses Gefühl mag ich nicht.

| das Glück | die Trauer | der Durst | der Schmerz | die Freude |
| der Schreck | der Spaß | die Liebe | die Langeweile | die Aufregung |

2 Sortiere die Nomen.

| Ärger | Mittag | Hunger | Frühling | November |
| Minute | Angst | Mut | Sonntag | Begeisterung |

Nomen für Gefühle: Ärger, Hunger, Angst, Mut, Begeisterung

Nomen für Zeiten: Mittag, Frühling, November, Minute, Sonntag

3 Markiere im Text alle Nomen. Schreibe die Nomen für Gefühle darunter.

Glück gehabt!
Mein Lieblingsbuch war verschwunden.
Ich hatte Sorge, dass ich es nie mehr wiederfinden würde.
Mit letzter Hoffnung schaute ich ganz hinten unter meinem Bett nach.
Welche Überraschung! Da lag nicht nur mein Buch,
sondern auch eine ganze Tafel Schokolade!
So ein Glück muss man erst mal haben!
Jetzt konnte ich mit Freude weiterlesen
und dabei mit großem Hunger die Schokolade verputzen.

Glück, Sorge, Hoffnung, Überraschung,
Freude, Hunger

Sprache untersuchen

▸ Sprachbuch: Seite 71, 72
✶ Lernsoftware: Nr. 32

Die Mehrzahl bilden

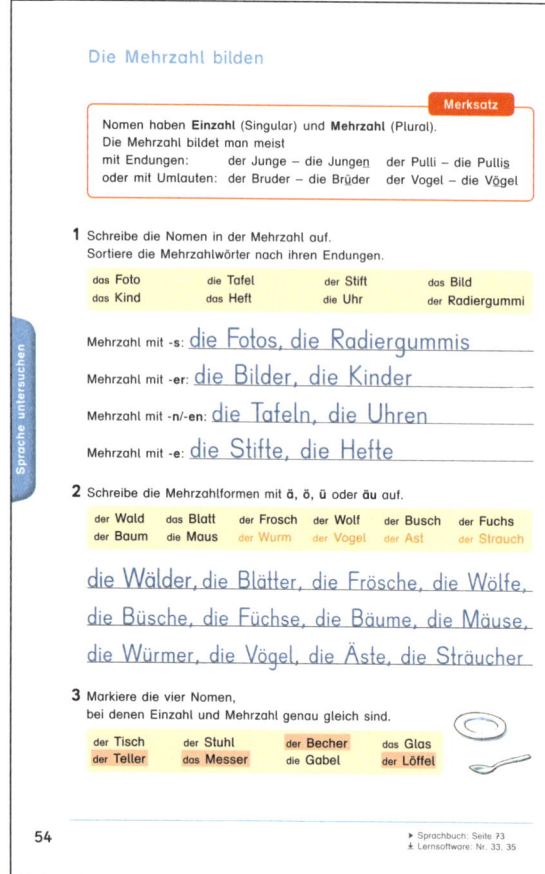

Merksatz

Nomen haben **Einzahl** (Singular) und **Mehrzahl** (Plural).
Die Mehrzahl bildet man meist
mit Endungen: der Junge – die Jungen   der Pulli – die Pullis
oder mit Umlauten: der Bruder – die Brüder der Vogel – die Vögel

1 Schreibe die Nomen in der Mehrzahl auf.
Sortiere die Mehrzahlwörter nach ihren Endungen.

das Foto	die Tafel	der Stift	das Bild
das Kind	das Heft	die Uhr	der Radiergummi

Mehrzahl mit **-s**: die Fotos, die Radiergummis

Mehrzahl mit **-er**: die Bilder, die Kinder

Mehrzahl mit **-n/-en**: die Tafeln, die Uhren

Mehrzahl mit **-e**: die Stifte, die Hefte

2 Schreibe die Mehrzahlformen mit ä, ö, ü oder äu auf.

der Wald	das Blatt	der Frosch	der Wolf	der Busch	der Fuchs
der Baum	die Maus	der Wurm	der Vogel	der Ast	der Strauch

die Wälder, die Blätter, die Frösche, die Wölfe,

die Büsche, die Füchse, die Bäume, die Mäuse,

die Würmer, die Vögel, die Äste, die Sträucher

3 Markiere die vier Nomen,
bei denen Einzahl und Mehrzahl genau gleich sind.

der Tisch	der Stuhl	der Becher	das Glas
der Teller	das Messer	die Gabel	der Löffel

54

▶ Sprachbuch: Seite 73
✦ Lernsoftware: Nr. 33, 35

Nomen erkennen

Merksatz

Ein Nomen kann man daran erkennen,
dass ein Artikel davorstehen kann: der Turm, eine Burg, …
Die Artikel in der **Einzahl** sind …
Die Artikel heißen der, die, das, den, dem, des und ein, eine, einem,
einen, einer, eines.
In der **Mehrzahl** gibt es nur den Artikel **die**:
der Ritter – die Ritter, die Burg – die Burgen, das Pferd – die Pferde

1 Unterstreiche in dem Text alle Artikel blau und alle Nomen schwarz.

Der Ritter und die Prinzessin

Hoch oben auf dem Berg stand eine Burg,

und dort lebte in dem Turm ein Ritter.

Eine Prinzessin wurde von einem Drachen in einer Höhle bewacht.

2 Unterstreiche die Artikel blau und die Nomen schwarz.
Schreibe die Sätze dann richtig auf.

DER RITTER SCHLICH ZU DEM DRACHEN

Der Ritter schlich zu dem Drachen

UND PIEKSTE IHN MIT EINER LANZE.

und piekste ihn mit einer Lanze.

DER SCHRECK DES DRACHEN WAR SO GROß,

Der Schreck des Drachen war so groß,

DASS ER DIE PRINZESSIN FREILIEß.

dass er die Prinzessin freiließ.

3 In jeder Zeile fehlen zwei Artikel. Trage sie an den richtigen Stellen ein.

Die/Eine Burg _____ ist _____ gut _____ gegen den/einen Angriff _____ gesichert.

Der/Ein Drache _____ traut _____ sich _____ nicht _____ mehr _____ in die Nähe.

55

▶ Sprachbuch: Seite 74
✦ Lernsoftware: Nr. 34, 35

Adjektive erkennen und verwenden

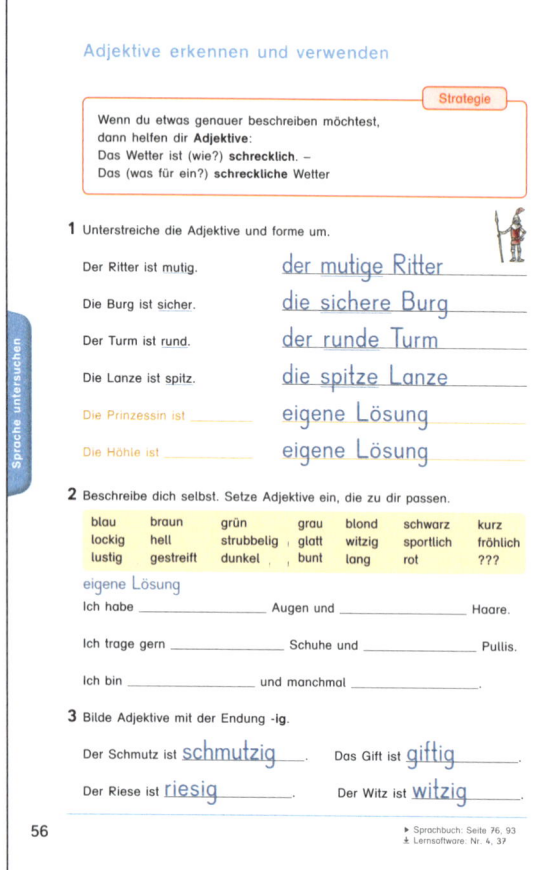

Strategie

Wenn du etwas genauer beschreiben möchtest,
dann helfen dir **Adjektive**:
Das Wetter ist (wie?) **schrecklich**. –
Das (was für ein?) **schreckliche** Wetter

1 Unterstreiche die Adjektive und forme um.

Der Ritter ist mutig.   der mutige Ritter

Die Burg ist sicher.   die sichere Burg

Der Turm ist rund.   der runde Turm

Die Lanze ist spitz.   die spitze Lanze

Die Prinzessin ist _____   eigene Lösung

Die Höhle ist _____   eigene Lösung

2 Beschreibe dich selbst. Setze Adjektive ein, die zu dir passen.

blau	braun	grün	grau	blond	schwarz	kurz
lockig	hell	strubbelig	glatt	witzig	sportlich	fröhlich
lustig	gestreift	dunkel	bunt	lang	rot	???

eigene Lösung

Ich habe _____ Augen und _____ Haare.

Ich trage gern _____ Schuhe und _____ Pullis.

Ich bin _____ und manchmal _____.

3 Bilde Adjektive mit der Endung -ig.

Der Schmutz ist schmutzig.   Das Gift ist giftig.

Der Riese ist riesig.   Der Witz ist witzig.

56

▶ Sprachbuch: Seite 76, 93
✦ Lernsoftware: Nr. 4, 37

Mit Adjektiven vergleichen

1 Ergänze die fehlenden Adjektive.

lang	klein	schwarz	braun	weiß	rund

Jannes: Samira: Klara:

Mein Hund heißt Fido. Mein Hund heißt Ajax. Mein Hund heißt Waldi.

Er hat braunes Fell Er hat schwarzes Fell Er hat weißes Fell

und runde Ohren. und lange Ohren. und kleine Ohren.

Merksatz

Mit Adjektiven kannst du Dinge **vergleichen**.
Sie haben eine **Grundform**:   Der Wolf ist **groß**.
Sie haben eine **Steigerungsform**: Das Zebra ist **größer**.
Sie haben eine **Höchstform**:   Der Elefant ist **am größten**.

2 Welcher Hund ist am größten? Welcher am kleinsten? Setze ein.

größer	kleiner	am größten	am kleinsten

Ajax ist größer als Fido.   Waldi ist kleiner als Fido.

Fido ist größer als Waldi.   Fido ist kleiner als Ajax.

Ajax ist am größten von allen.   Waldi ist am kleinsten von allen.

3 Ergänze die Tabelle.

Grundform	Steigerungsform	Höchstform
schön	schöner	am schönsten
alt	älter	am ältesten
schnell	schneller	am schnellsten

57

▶ Sprachbuch: Seite 77
✦ Lernsoftware: Nr. 38

84

Seite 58

Richtig schreiben: Artikel – Adjektiv – Nomen

Merksatz

Zwischen einem **Artikel** und einem **Nomen** kann ein **Adjektiv** stehen:
Artikel   Adjektiv   Nomen
die   **gelbe**   **Jacke**
Das **Adjektiv** schreibt man **klein**, das **Nomen** schreibt man **groß**.

1 Schreibe die Adjektive und die Nomen in die Lücken.

Das Mädchen hat unter der _gelben Jacke_ ein
GELBEN JACKE
grünes T-Shirt mit _roten Streifen_ an.
GRÜNES T-SHIRT   ROTEN STREIFEN

Sie trägt eine _blaue Jeans_ .
BLAUE JEANS

Die _knallroten Turnschuhe_ sind neu.
KNALLROTEN TURNSCHUHE

Unter der _schwarzen Mütze_ schauen die
SCHWARZEN MÜTZE

roten Haare hervor.
ROTEN HAARE

2 Male das Bild des Jungen an.
Setze in die Lücken die Nomen mit passenden Adjektiven ein.
eigene Lösung
Hose: Der Junge hat eine _____ an.

Pulli: Er trägt einen _____ ,

Jacke: Er hat eine _____ angezogen.

Mütze: Er trägt eine _____ .

Haare: Darunter schauen seine _____ hervor.

Schuhe: Die _____ sind neu.

3 Schreibe einen ähnlichen Text über ein anderes Kind aus deiner Klasse.
Lass jemanden erraten, wen du beschrieben hast.

58   ▶ Sprachbuch: Seite 78   ✿ Lernsoftware: Nr. 39

Seite 59

Zeitformen unterscheiden: Präsens – Präteritum

Merksatz

Verben verwendet man im **Präsens**, wenn man etwas über die **Gegenwart** schreibt – wie es jetzt und heute ist:
Heute **benutzen** die Menschen zum Schreiben oft den Computer.
Das **Präteritum** verwendet man, wenn man über die **Vergangenheit** schreibt – wie es früher war:
Früher **benutzten** die Menschen zum Schreiben Feder und Tinte.

1 Setze die Verben in den passenden Zeitformen in die Texte ein:

verschickt – verschickte   benutzen – benutzten   dauert – dauerte

verschreibt – verschrieb   ankommen – ankamen   lässt – ließ

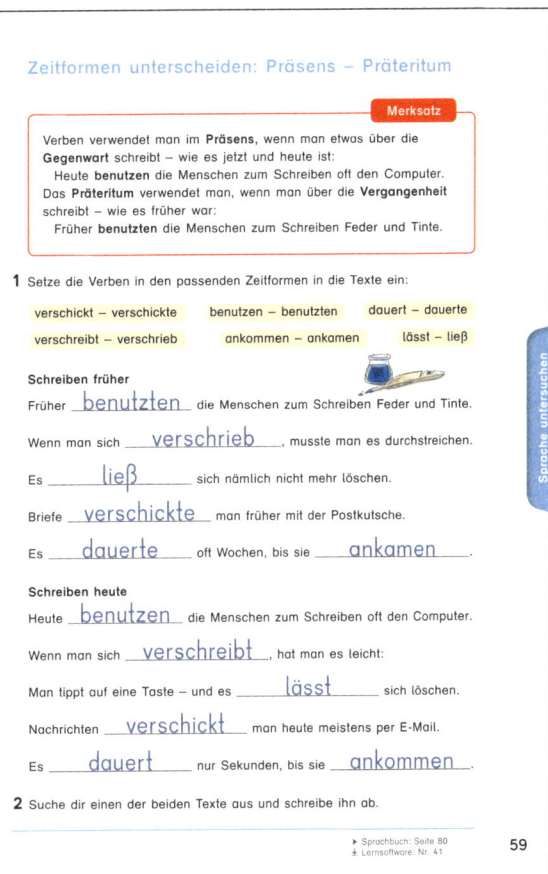

Schreiben früher

Früher _benutzten_ die Menschen zum Schreiben Feder und Tinte.

Wenn man sich _verschrieb_ , musste man es durchstreichen.

Es _ließ_ sich nämlich nicht mehr löschen.

Briefe _verschickte_ man früher mit der Postkutsche.

Es _dauerte_ oft Wochen, bis sie _ankamen_ .

Schreiben heute

Heute _benutzen_ die Menschen zum Schreiben oft den Computer.

Wenn man sich _verschreibt_ , hat man es leicht:

Man tippt auf eine Taste – und es _lässt_ sich löschen.

Nachrichten _verschickt_ man heute meistens per E-Mail.

Es _dauert_ nur Sekunden, bis sie _ankommen_ .

2 Suche dir einen der beiden Texte aus und schreibe ihn ab.

59   ▶ Sprachbuch: Seite 80   ✿ Lernsoftware: Nr. 41

Seite 60

Zeitformen unterscheiden: Perfekt – Präteritum

Strategie: Die richtige Zeitform finden

Es gibt zwei Zeitformen für die **Vergangenheit**:
Das **Perfekt** gebrauchen wir, wenn wir etwas mündlich erzählen:
Paula **hat** sich ihr Rad **geholt**.
Das **Präteritum** verwenden wir, wenn wir etwas Erlebtes schreiben:
Paula **holte** sich ihr Rad.

1 Lies die beiden Texte. Unterstreiche die Verben.

Gestern bin ich mit dem Fahrrad zur Schule gefahren.
Plötzlich hat ein Hund gebellt.
Ich habe einen großen Schreck bekommen. Da habe ich den Hund auf der anderen Straßenseite gesehen. Er ist noch ganz klein gewesen.

Gestern fuhr ich mit dem Fahrrad zur Schule.
Plötzlich bellte ein Hund.
Ich bekam einen großen Schreck. Da sah ich den Hund auf der anderen Straßenseite. Er war noch ganz klein.

2 Zu welchem Text passen diese Sätze?

Der Hund saß auf dem Boden und wedelte freudig mit dem Schwanz.
Das sah süß aus, und ich hatte keine Angst mehr.

3 Schreibe den passenden Text mit den Sätzen aus Aufgabe 2 ab.

Gestern fuhr ich mit dem Fahrrad zur Schule.

Plötzlich bellte ein Hund. Ich bekam einen großen

Schreck. Da sah ich den Hund auf der anderen

Straßenseite. Er war noch ganz klein. Der Hund saß

auf dem Boden und wedelte freudig mit dem Schwanz.

Das sah süß aus und ich hatte keine Angst mehr.

60   ▶ Sprachbuch: Seite 81   ✿ Lernsoftware: Nr. 42

Seite 61

Die Verben in den Zeitformen üben

Merksatz

Die **Grundform** von Verben wird mit **-en** gebildet: gehen, laufen, ...
In **Sätzen** kommen die Verben aber immer in **Zeitformen** vor:
Ich **gehe** nach Hause. Ich bin nach Hause **gegangen**.

1 Schreibe die fehlenden Verbformen in die Zeilen. Sie reimen sich.

lügen, log, hat gelogen → fliegen, _flog_ , _ist geflogen_

denken, dachte, hat gedacht → bringen, _brachte_ , _hat gebracht_

biegen, bog, hat gebogen → ziehen, _zog_ , _hat gezogen_

fließen, floss, ist geflossen → gießen, _goss_ , _hat gegossen_

gehen, ging, ist gegangen → fangen, _fing_ , _hat gefangen_

2 Markiere die Verbformen, die zusammengehören, mit der gleichen Farbe.

ich schob	sie ritten	sie hat gefunden	ich bin gewesen
ich war	sie fand	sie sind geritten	ich habe geschoben

3 Ordne die Verben von Aufgabe 2 in die Tabelle ein.

Grundform	Präteritum	Perfekt
schieben	ich schob	ich habe geschoben
reiten	sie ritten	sie sind geritten
finden	sie fand	sie hat gefunden
sein	ich war	ich bin gewesen

4 Ergänze die Grundform.

61   ▶ Sprachbuch: Seite 82   ✿ Lernsoftware: Nr. 43

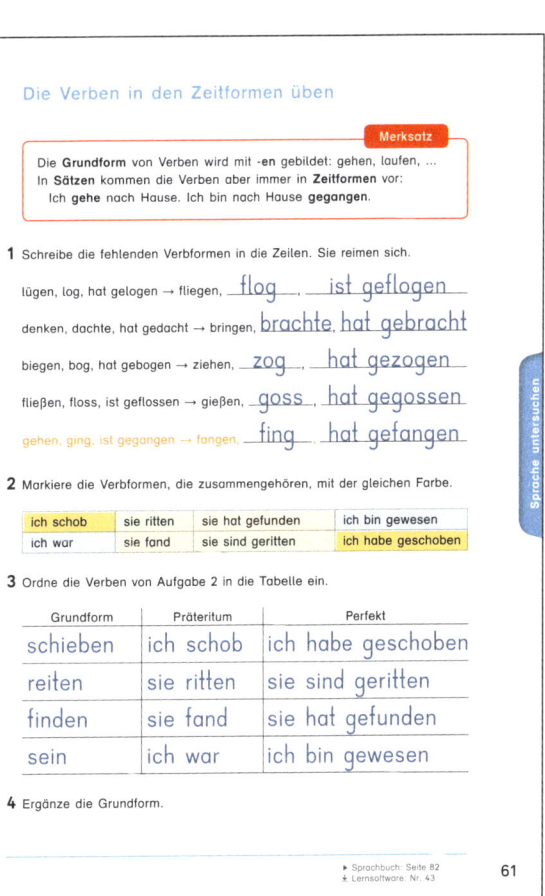

Lösungen

Satzschlusszeichen setzen

Am **Ende** eines Satzes steht ein **Satzschlusszeichen**:
Ein **Fragezeichen** steht, wenn der Satz als **Frage** gemeint ist:
  Kommst du heute?
Ein **Ausrufezeichen** steht, wenn er als **Aufforderung** oder **Ausruf**
gemeint ist:
  Aber klar doch!
In allen anderen Sätzen steht am Ende ein **Punkt**:
  Ich freue mich schon darauf.

1 Setze hinter die Sätze einen Punkt, ein Fragezeichen oder Ausrufezeichen.

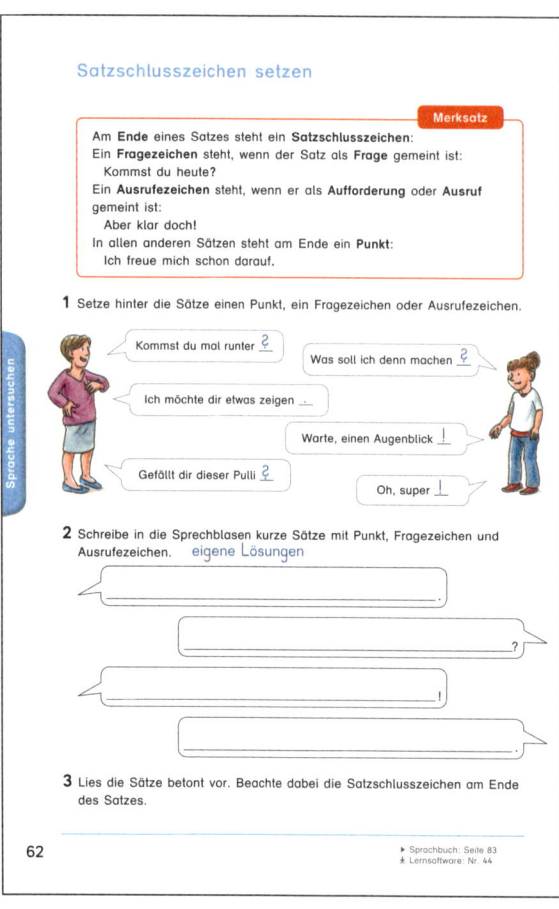

Kommst du mal runter ?

Was soll ich denn machen ?

Ich möchte dir etwas zeigen .

Warte, einen Augenblick !

Gefällt dir dieser Pulli ?

Oh, super !

2 Schreibe in die Sprechblasen kurze Sätze mit Punkt, Fragezeichen und
Ausrufezeichen. eigene Lösungen

3 Lies die Sätze betont vor. Beachte dabei die Satzschlusszeichen am Ende
des Satzes.

Sprache untersuchen

62

▸ Sprachbuch: Seite 83
✣ Lernsoftware: Nr. 44

Die Zeichen für wörtliche Rede setzen

Was jemand in einem Text **spricht**,
nennt man **wörtliche Rede**. Vor der wörtlichen Rede steht ein
Begleitsatz mit **Doppelpunkt**: Die Mutter sagt: …
Dann folgt die wörtliche Rede. Sie steht in **Redezeichen**.
Punkt, **Fragezeichen** und **Ausrufezeichen** gehören zur wörtlichen Rede
dazu: Die Mutter sagt: „Kannst du mir helfen?"

1 Unterstreiche die Sätze, die jemand sagt. Setze dann die Redezeichen ein.

Völkerballspiel

Die Kinder spielen Völkerball.

Ines ruft: „Gib mir den Ball doch mal ab!"

Niklas sagt: „Ich kann besser treffen."

Und Niklas trifft Tom tatsächlich.

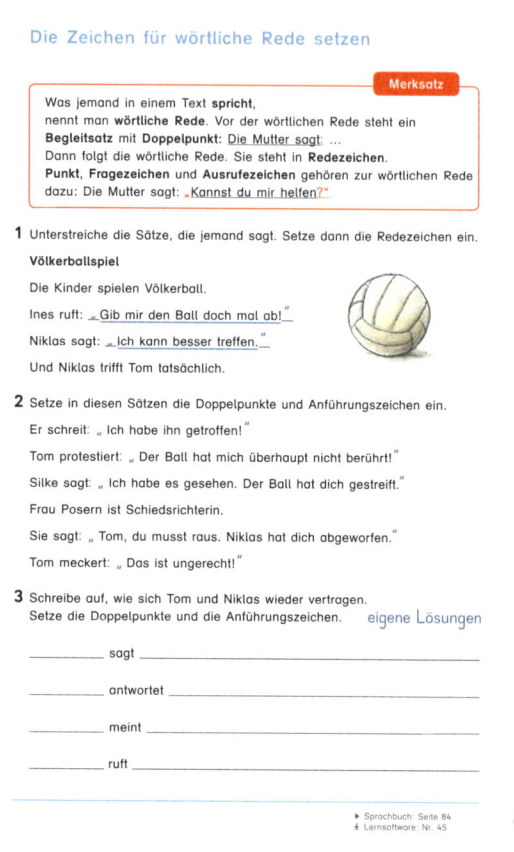

2 Setze in diesen Sätzen die Doppelpunkte und Anführungszeichen ein.

Er schreit: „Ich habe ihn getroffen!"

Tom protestiert: „Der Ball hat mich überhaupt nicht berührt!"

Silke sagt: „Ich habe es gesehen. Der Ball hat dich gestreift."

Frau Posern ist Schiedsrichterin.

Sie sagt: „Tom, du musst raus. Niklas hat dich abgeworfen."

Tom meckert: „Das ist ungerecht!"

3 Schreibe auf, wie sich Tom und Niklas wieder vertragen.
Setze die Doppelpunkte und die Anführungszeichen. eigene Lösungen

_____ sagt _____

_____ antwortet _____

_____ meint _____

_____ ruft _____

Sprache untersuchen

▸ Sprachbuch: Seite 84
✣ Lernsoftware: Nr. 45

63

Umstellproben durchführen

Teile eines Satzes, die man an den Satzanfang stellen kann,
heißen **Satzglieder**.
Satzglieder können aus einem **einzelnen Wort** oder aus
mehreren Wörtern bestehen.
Durch **Umstellproben** findest du heraus, aus wie vielen
Satzgliedern ein Satz besteht.

1 Stelle dreimal ein anderes Satzglied an den Anfang. Es soll auch ein
Fragesatz dabei sein.

Ein Clown | läuft | plötzlich | in die Manege.

In die Manege läuft plötzlich ein Clown.

Plötzlich läuft ein Clown in die Manege.

Läuft plötzlich ein Clown in die Manege?

2 Stelle dreimal ein anderes Satzglied an den Satzanfang.
Es soll ein Fragesatz dabei sein.

Er trägt an den Füßen riesige Schuhe.

An den Füßen trägt er riesige Schuhe.

Riesige Schuhe trägt er an den Füßen.

Trägt er an den Füßen riesige Schuhe?

3 Trenne jedes Satzglied mit einem Strich ab. Wie viele Satzglieder haben
die einzelnen Sätze?

Er | stolpert | plötzlich | über seine Füße.
Er | lacht | laut.
Jetzt | spritzen | Wasserfontänen | aus seinen Augen.

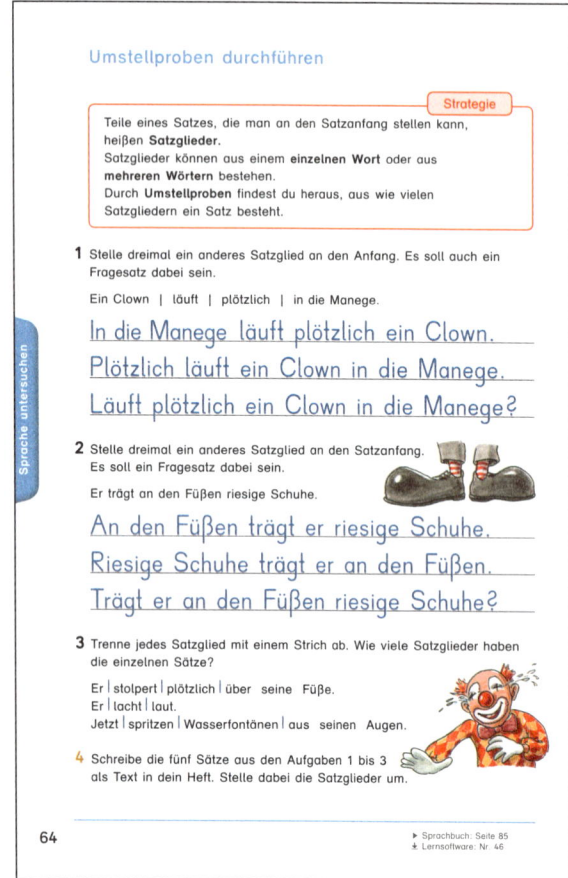

4 Schreibe die fünf Sätze aus den Aufgaben 1 bis 3
als Text in dein Heft. Stelle dabei die Satzglieder um.

Sprache untersuchen

64

▸ Sprachbuch: Seite 85
✣ Lernsoftware: Nr. 46

Satzglieder umstellen – Texte verbessern

Wenn deine Sätze in einem Text **immer gleich** anfangen,
kannst du mit der Umstellprobe **ein anderes Satzglied**
an den **Satzanfang** stellen. Dann wird dein Text besser.

1 Verschiebe immer das unterstrichene Satzglied an den Anfang des Satzes.

Hoch hinaus

Ich bin einmal auf einen Baum geklettert.

Einmal bin ich auf einen Baum geklettert.

Ich kletterte mutig fast bis in die Spitze hinauf.

Mutig kletterte ich fast bis in die Spitze
hinauf.

Ich konnte von oben ganz weit sehen.

Von oben konnte ich ganz weit sehen.

Mir wurde plötzlich ganz schwindelig.

Plötzlich wurde mir ganz schwindelig.

Ich wollte schnell wieder hinunter.

Schnell wollte ich wieder hinunter.

Sprache untersuchen

▸ Sprachbuch: Seite 86
✣ Lernsoftware: Nr. 46

65

Sätze bilden aus Subjekt und Prädikat

Subjekt und Prädikat sind die wichtigsten Satzglieder.
Das **Subjekt** sagt aus, **wer** oder **was** etwas tut:
Der **Drachen** fliegt. **Er** fliegt hoch.
Das **Prädikat** sagt aus, **was getan wird** oder **geschieht**.
Es besteht immer aus einem Verb:
Die Katze **frisst**. Sie **putzt sich**.

1 Schreibe die Tiere mit passenden Tätigkeiten auf.

Subjekte: Wer etwas tut:		Prädikate: Was getan wird:		
das Pony	der Tiger	watschelt	jagt	putzt sich
die Katze	der Pinguin	kriecht	frisst	schwimmt
der Vogel	die Schildkröte	flattert	zischt	galoppiert
die Schlange	der Hai	wiehert	fängt	greift an

Beispiellösung

Das Pony frisst.

Die Katze putzt sich.

Der Vogel flattert.

Die Schlange zischt.

Der Tiger jagt.

Der Pinguin watschelt.

Die Schildkröte kriecht.

Der Hai schwimmt.

2 Bilde ähnliche Sätze mit Subjekt und Prädikat.
Unterstreiche Subjekte blau und Prädikate rot.
eigene Lösungen

66

▶ Sprachbuch: Seite 87
⚐ Lernsoftware: Nr. 47

Subjekt und Prädikat im Satz erkennen

1 Diese Sätze bestehen nur aus Subjekten und aus Prädikaten.
Unterstreiche die Subjekte blau und die Prädikate rot.

Moritz liest.

Es läutet.

Moritz steht auf.

Er öffnet.

Sein Freund Pablo ist gekommen.

Die beiden freuen sich.

2 Diese Sätze haben nicht nur ein Subjekt und ein Prädikat, sondern noch
andere Satzglieder.
Suche die Subjekte und Prädikate und unterstreiche sie blau und rot.

Dann gehen sie auf den Spielplatz.

Dort spielen die beiden miteinander.

Dann streiten sie.

Moritz rennt in den Park.

Pablo bleibt auf dem Spielplatz.

Doch nach einiger Zeit kommt Moritz zurück.

3 Ergänze die Sätze von Aufgabe 1. So wird der Text interessanter. Beispiellösung

Moritz liest ein witziges Buch.

Es läutet an der Haustür.

Moritz steht vom Sofa auf.

Er öffnet die Tür.

Sein bester Freund Pablo ist gekommen.

Die beiden freuen sich auf den Nachmittag.

67

▶ Sprachbuch: Seite 88
⚐ Lernsoftware: Nr. 48, 49

Was kann ich nun?

Werkstatt: Sprechen und Zuhören

1 Lies die drei Aufgaben a, b und c. Entscheide, welche du bearbeiten
möchtest.

Einen Vortrag vorbereiten, durchführen und Feedback geben

a. Kreuze die Satzanfänge an, die bei einem Feedback Mut machen.

[X] Ich habe einen Tipp für dich: ...   [X] Mir hat gefallen, dass du ...

[X] Ich habe gelernt, dass ...   [ ] Es war doof, dass du immer ...

b. Trage die Ziffern an der richtigen Stelle ein:

1 Das macht man vor einem Vortrag.
2 Das macht man zu Beginn des Vortrages.
3 Das macht man während des Vortrages.
4 Das macht man am Ende eines Vortrages.

② Ein Plakat gut sichtbar aufhängen.

③ Die Zuhörer anschauen.

④ Fragen der Zuhörer beantworten.

③ Laut, deutlich und frei sprechen.

① Stichwortzettel schreiben und sortieren.

① Gegenstände und Bilder zum Thema sammeln.

① Ein Plakat mit dem Thema und den wichtigsten Stichwörtern gestalten.

c. Dein Freund Leo will einen Vortrag halten. Schreibe ihm einige Tipps auf.
Woran sollte er unbedingt denken?

eigene Lösungen

Was sollte er auf keinen Fall tun?

eigene Lösungen

2 Überlege und kreuze an:

Die Aufgabe war [ ] zu leicht [ ] zu schwer [ ] genau richtig

68

▶ Sprachbuch: Seite 20, 21, 25

Werkstatt: Texte verfassen

1 Lies jeweils die drei Aufgaben a, b und c.
Entscheide, welche du bearbeiten möchtest.

Texte spannender machen

a. Schreibe drei Spannungswörter auf.

Beispiele: plötzlich, unheimlich, schnell, ...

b. Schreibe diese zwei Sätze spannender. Beispiellösungen

Ich ging die Treppe runter.

Ich schlich langsam die Treppe runter.

Im Keller hörte ich ein Geräusch.

Im Keller hörte ich ein unheimliches Geräusch.

c. Schreibe eine spannende 5-Sätze-Geschichte in dein Heft.
eigene Lösung
Märchen

a. Schreibe einen Märchenanfang.

Es war einmal ...   Vor langer Zeit ...

b. Schreibe zwei Märchenenden.

Und sie lebten glücklich ...

Jetzt mussten sie nie mehr ...

c. Schreibe ein Märchen mit dem roten Faden in dein Heft.
eigene Lösung

2 Überlege und kreuze an:

Die Aufgabe war [ ] zu leicht [ ] zu schwer [ ] genau richtig

▶ Sprachbuch: Seite 32, 41, 45–47

69

Werkstatt: Richtig schreiben

1 t oder tt? Setze die fehlenden Buchstaben ein.

Bre_tt_er   blu_t_en   Pfo_t_e   Ma_tt_e   re_tt_en   tre_t_en

2 Schreibe weitere Wörter aus der Wortfamilie auf.   Beispiellösung

wackeln, wackelig, Wackelpudding, gewackelt, sie wackelt

3 In jedem Satz hat sich ein Fehler versteckt.
Markiere zuerst die falsch geschriebenen Wörter.
Schreibe die Sätze dann richtig auf.

Das Mäuschen schleft. Das Mäuschen schläft.

Ida sinkt ein Lied. Ida singt ein Lied.

4 Schreibe Merkwörter auf mit: Beispiellösung

aa/ee/oo: Waage, See, Zoo, …

v/V: vielleicht, Pullover, Vogel, …

ai: Mai, Hai, Haiku, …

5 Schreibe die zusammengesetzten Nomen mit Artikel auf.

+ Ring der Ohrring   Laub + der Laubbaum

6 Markiere die vier (sieben) Wörter, die großgeschrieben werden müssen.
Schreibe den Text dann richtig auf.

paul will heute ein müsli essen.
er hat sich die zutaten schon bereitgestellt.
schnell sind die saftigen erdbeeren kleingeschnitten. lecker!

Paul will heute ein Müsli essen. Er hat sich die
Zutaten schon bereitgestellt. Schnell sind die
saftigen Erdbeeren kleingeschnitten. Lecker!

Werkstatt: Sprache untersuchen

1 Schreibe die Sätze auf. Achte auf Groß- und Kleinschreibung.

IN UNSEREM GARTEN LEBT EIN MAULWURF.

In unserem Garten lebt ein Maulwurf.

SEINE HÜGEL ÄRGERN MEINEN OPA SEHR.

Seine Hügel ärgern meinen Opa sehr.

2 Schreibe die Grundformen dieser Verben auf.

aß: essen   gerochen: riechen

3 Diese Sätze stehen in der Zeitform Perfekt.
Schreibe sie in der Zeitform Präteritum auf.

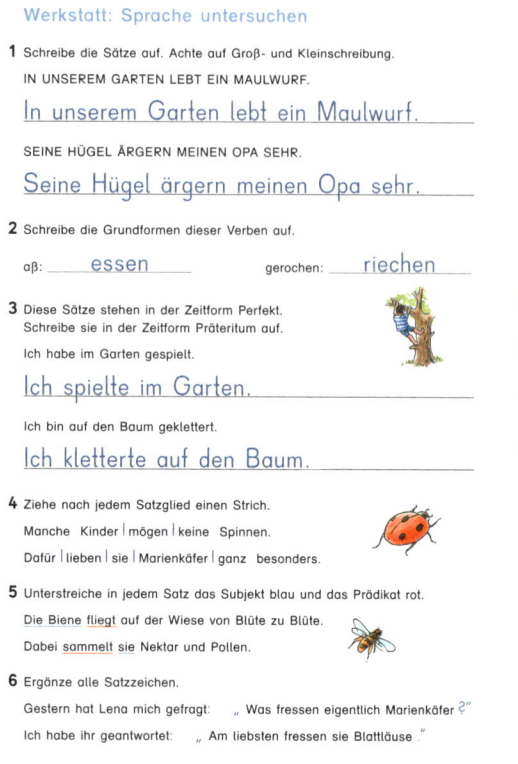

Ich habe im Garten gespielt.

Ich spielte im Garten.

Ich bin auf den Baum geklettert.

Ich kletterte auf den Baum.

4 Ziehe nach jedem Satzglied einen Strich.

Manche | Kinder | mögen | keine | Spinnen.

Dafür | lieben | sie | Marienkäfer | ganz | besonders.

5 Unterstreiche in jedem Satz das Subjekt blau und das Prädikat rot.

Die Biene fliegt auf der Wiese von Blüte zu Blüte.

Dabei sammelt sie Nektar und Pollen.

6 Ergänze alle Satzzeichen.

Gestern hat Lena mich gefragt: „ Was fressen eigentlich Marienkäfer ?“

Ich habe ihr geantwortet: „ Am liebsten fressen sie Blattläuse.“